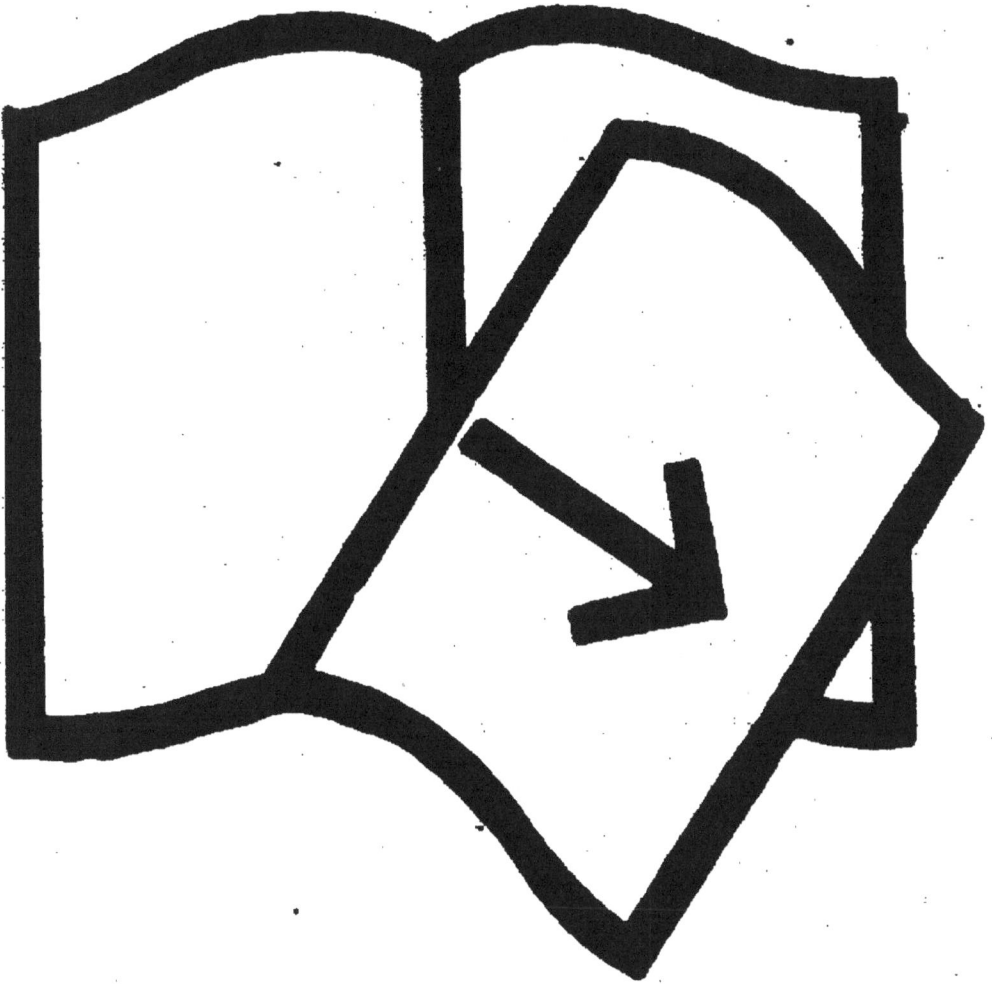

Couvertures supérieure et inférieure
manquantes

LE PÉRIGORD LITTÉRAIRE
Par N. Fourgeaud-Lagrèze.

LA CALPRENÈDE

(1610-1663).

RIBÉRAC

IMPRIMERIE CAMILLE CONDON, PLACE NATIONALE.

1877.

LA CALPRENÈDE

CHAPITRE I.

DEUX MOTS DE BIOGRAPHIE.

GAUTIER DE COSTE, seigneur de LA
CALPRENÈDE, de TOULGOU, VATIMES-
NIL, etc..., naquit au château de Toulgou, près Sarlat. Il était fils de Pierre de Coste
et de Catherine du Verdier-Genouillac.

Tallemant des Réaux l'accuse d'avoir pris
des titres qui ne lui appartenaient pas, mais
cette accusation ne paraît pas fondée. La terre
de Toulgou et celle de Vatimesnil, pour le
moins, étaient bien réellement des propriétés
de sa famille, et il avait le droit de s'en dire
seigneur.

Ayant fait ses études à Toulouse, il alla à Paris, vers 1632, et entra, en qualité de cadet, au régiment des gardes; il y fut fait officier plus tard.

On rapporte qu'étant de service, il montait souvent dans l'appartement où se tenaient les femmes de chambre de la reine, lorsqu'elles n'étaient pas occupées auprès de leur maîtresse et où venaient aussi quelquefois les dames de la cour. Il y débitait quantité d'historiettes et d'anecdotes, vraies ou fausses, avec une verve et un entrain, si pleins de charmes, qu'on faisait cercle autour de lui et que, parfois, on s'oubliait à l'écouter. Sa Majesté eut bientôt lieu de se plaindre du manque d'exactitude de ses femmes pour l'accomplissement des devoirs de leur charge, et demanda des explications. Il lui fut répondu qu'il y avait dans la salle d'attente un jeune homme qui racontait les histoires les plus amusantes du monde et qu'il était difficile de s'arracher au plaisir de l'entendre. Ces éloges donnèrent à la reine la curiosité de voir ce beau conteur et de juger par elle-même de son mérite. L'épreuve qu'elle lui fit subir la satisfit à tel point, elle fut si enchantée des talents du narrateur, qu'elle le gratifia d'une pension sur sa cassette.

Cette aventure commença la fortune de notre jeune cadet ; c'est donc par reconnaissance qu'il dédia à la reine son premier ouvrage, sa tragédie de la *Mort de Mithridate,* jouée en 1635.

Les œuvres de La Calprenède comprennent dix pièces de théâtre, tant tragédies que tragi-comédies, et trois romans : *Cassandre, Cléopâtre* et *Faramond;* il a laissé ce dernier inachevé. Ses poésies fugitives se trouvent disséminées dans les recueils de vers de l'époque, et n'ont jamais été réunies en volume à part (*). On lui attribue encore *Les Nouvelles ou les divertissements de la princesse Alcidiane,* parues sous le nom de sa femme, mais c'est à tort.

Il avait épousé, en 1648, Madeleine de Lyée, dame de Saint-Jean de Livet et du Coudray, d'une ancienne famille de Normandie, veuve en premières noces de Bernard de Vieuxpont, chevalier, seigneur de Compant, et en secondes noces d'Arnoul de Braque, chevalier, seigneur

---

(*) Son nom figure sur le titre de quelques-uns de ces recueils, en compagnie de celui d'autres poètes contemporains :

L'Esliste des Bouts Rimez de ce temps, contenant ceux de Bois-Robert, Benserade, La Calprenède, Tristan, Sarrazin, l'abbé de Laffemas, Montreuil, Gilet, des Marets, de St-Julien et plusieurs autres. Imprimé à Paris et se vend au Palais. 1651. Un vol. in-16. — Etc., etc., etc.....

de Vaulart et de Châteauvert. (Ce sont les propres termes du contrat de mariage, passé à Paris, le 6 décembre 1648).

Deux années plus tard, en 1650, le roi le nommait gentilhomme ordinaire de sa chambre.

La Calprenède ne tarda pas à se brouiller avec sa femme, et la mésintelligence entre les deux époux amena une séparation prononcée par arrêt du Parlement, en 1659, selon toute probabilité. Ils avaient eu une fille du nom de Jeanne, qui fut mariée en 1669 à Arnaud de Coustin de Bourzolles de Caumont, vicomte de Bonrepos.

Si l'on en croit certains mémoires du temps, Madame de La Calprenède eut une vie des plus aventureuses, qui se termina sur l'écha- faud. Elle aurait été condamnée à mort en 1666, convaincue du crime d'assassinat sur la personne de son cinquième mari. Mais cela n'est nullement démontré, comme il me sera facile de l'établir, quand je reparlerai de cette femme bel-esprit, à propos des *Nouvelles de la princesse Alcidiane*, dont elle est bien le véritable auteur.

La Calprenède mourut des suites d'un acci- dent qui est diversement raconté. On n'est même pas d'accord sur la date.

Le dictionnaire de Moréri (édition de 1718) dit, en effet, qu'en revenant d'un voyage en Normandie, vers l'an 1661, il fut blessé d'un coup de tête que lui donna son cheval, qu'il avait relevé trop vivement dans un faux pas, et mourut de cette contusion, peu de jours après, chez un de ses amis au Grand-Andély sur Seine.

D'un autre côté, Loret, auteur contemporain, le fait vivre jusqu'en 1663, et rapporte ainsi les circonstances de sa mort :

L'illustre de la Calprenède
Dont l'excellent esprit possède
Des talens rares et charmans
Pour les vers et les romans,
Et qui d'ailleurs est fort brave homme,
Ou plutôt brave gentilhomme,
Ces jours passés en un cadeau (*)
Contenant maint objet fort beau,
Voulut par un coup de justesse
Montrer aux dames son adresse.
Mais, soit que le fatal canon
De son fusil crevât, ou non,
(L'on ne m'a bien dit la chose)
La poudre audit canon enclose,
Qui s'enflamma, qui s'emporta,
Droit au visage lui sauta ;
Et par cette triste aventure,

(*) *Cadeau* : anciennement, fête que l'on donnait principalement à des femmes, partie de plaisir. (LITTRÉ, Diction. fr.)

Outragea si fort sa figure,
Que l'assemblée avec douleur
Déplora son triste malheur.
Ce fut au château de Monflaine (*)
Que cette disgrâce inhumaine
Parvint à cet homme important,
Mais qui n'en mourra pas pourtant.

(*La Muse historique*, N° du 11 ou du 31 Mars 1663) (**).

C'était là l'expression d'un souhait, bien plutôt que d'une espérance sérieuse. Car la blessure avait assez de gravité pour entraîner la mort; l'événement le prouva de reste, et Loret complète ainsi son récit, à la date du 20 ou du 21 octobre suivant (***) :

Comme il faut qu'à la mort tout cède,
L'excellent sieur de Calprenède,
Si renommé dans l'univers
Pour sa prose et ses beaux vers,
A succombé sous cette parque
Et de Caron passé la barque.
Enfin, par la rigueur du sort,
Cet admirable auteur est mort.

(*) Peut-être faudrait-il lire :

Ce fut au château Mortfontaine ?

(**) J'ai pris ce passage dans l'*Histoire du théâtre français* des frères Parfaict, qui donnent la date du 11 mars; d'autres auteurs donnent celle du 31. N'ayant pu vérifier sur les originaux, j'ai rapporté les deux dates. Cela n'a pas beaucoup d'importance.

(***) Même observation qu'à la note précédente.

La Muze historique, sorte de journal en vers, n'est que de la prose rimée, et encore de bien méchante prose, mais elle est généralement bien informée. Loret, vrai *reporter,* comme nous dirions aujourd'hui, était à l'affût de toutes les nouvelles et de tous les bruits qui couraient la ville; s'il les enregistre parfois un peu à la légère, il ne manque jamais de rétablir la vérité des faits dès qu'il apprend qu'il s'est trompé. Sa gazette, source précieuse de renseignements exacts, se recommande à l'historien par un autre côté; elle est l'écho fidèle de l'opinion et des idées du jour, pendant une période de quinze années, du 4 mai 1650 au 28 mars 1665. Je n'hésiterai donc point à lui faire des emprunts, lorsque l'occasion s'en présentera.

De tous les ouvrages de la Calprenède, ce sont ses romans qui obtinrent le plus de succès à leur apparition. Ils forment encore aujourd'hui la partie la moins dédaignée de son bagage littéraire. Depuis quelque temps on commence à les rechercher; il y a des curieux intrépides qui les lisent. Mais l'enthousiasme et l'admiration d'autrefois ne sont point revenus et ne reviendront vraisemblablement jamais.

Chacun de ces romans a de dix à douze vo-

lumes in-8°; ils parurent par parties, publiées
à intervalles quelquefois assez éloignés. Ce
n'est qu'en se reportant à quelques années en
arrière de nous, aux beaux jours des *Mous-
quetaires* et des *Mystères de Paris*, qu'il sera
possible de se figurer l'impatience avec laquelle
le public de l'époque attendait la *suite* de *Cassandre*, de *Cléopâtre* ou de *Faramond*.

Ce dernier n'en était qu'au tome septième
lorsque la mort de l'auteur vint en interrompre
la publication, au grand désespoir des lecteurs.
Aussi Loret, ayant appris que l'éditeur s'était
transporté en hâte au lieu du décès, pour
chercher si, dans les papiers du défunt, ne se
trouverait pas la continuation de l'ouvrage,
s'empresse-t-il d'annoncer, dans sa gazette,
cette bonne nouvelle. On lui a dit

> . . . . . que Sommaville
> Un des libraires de la Ville,
> Qui tient sa boutique au Palais,
> Fut sur des chevaux de relais,
> Chez le mort chercher les restes
> Des amours, intrigues et gestes
> Que cet esprit rare et fécond
> A laissé dudit Faramond
> Avec maint instructif mémoire,
> Pour conclusion de l'histoire
> De ce roman illustre et fin
> Dont chacun voudra voir la fin.

Antoine de Sommaville a donné, en effet, une continuation de Faramond en 5 volumes, mais elle n'est pas de La Calprenède. Le continuateur, qui s'appelait de Vaumorière et qui était un littérateur très connu, est si bien entré, paraît-il, dans le génie de l'écrivain dont il achevait l'œuvre, « qu'on ne s'aperçoit de la » différence que parce qu'il a surpassé La » Calprenède, par l'élocution, l'ordre et l'ar- » rangement. »

Ces romans étaient tellement dans le goût qui régnait alors en France que les meilleurs esprits cédaient à l'engouement général, et Boileau, lui-même, s'y laissa prendre ; le sévère critique s'en confesse en ces termes :

« Comme j'étais fort jeune dans le temps » que tous ces romans, tant ceux de Made- » moiselle de Scudéri que ceux de La Calpré- » nède et de tous les autres, faisaient le plus » d'éclat, je les lus, ainsi que les lisait tout le » monde, avec beaucoup d'admiration ; je les » regardai comme des chefs-d'œuvre de notre » langue. Mais enfin mes années étant accrues, » et la raison m'ayant ouvert les yeux, je re- » connus la puérilité de ces ouvrages. »

Nul, cependant, ne dupe entièrement son époque, a dit un autre critique, et des livres, tant prônés, tant choyés par leurs contemporains, répondaient assurément, dans une certaine mesure, à la haute estime en laquelle ils étaient tenus. Oui, Madeleine de Scudéri et La Calprenède, pour ne citer que ces deux là, possédaient de vrais talents. Malheureusement ils sacrifièrent trop, l'un et l'autre, à cette déesse, ennemie de l'immortalité des œuvres de la pensée, qui se nomme la mode. Et *Artamène, Clélie, Cassandre, Cléopâtre* et *Faramond* trébuchèrent, comme aurait dit La Calprenède lui-même, du trône élevé où cette divinité changeante et capricieuse les avait juchés; ils allèrent rouler dans le gouffre de l'oubli.

Ils ont pourtant des titres nombreux à l'attention du public lettré, que des écrivains distingués se sont chargés de lui rappeler à diverses reprises, sans qu'il ait paru, jusqu'ici, en faire grand compte.

Palissot, disait, au siècle dernier, dans ses *Mémoires littéraires :* « Les romans de Cléo- » patre et de Cassandre sont remplis d'imagi- » nation, et seraient de véritables poèmes dans » le genre de l'Arioste, s'ils étaient écrits en » beaux vers, et qu'une main judicieuse prît la » peine d'en retrancher les longueurs. Ces » romans ne sont plus de notre goût; mais ils

» ont fait les délices d'un siècle poli, et qui, peut
» être, en cela même, prouvait sa supériorité
» sur le nôtre. Supposons, en effet, qu'il ne
» reste d'autres monuments de l'autre siècle que
» les romans de La Calprenède, quelle idée ne
» se formerait-on pas de la nation qui en faisait
» ses amusements ? On se représenterait sans
» doute un peuple d'une galanterie beaucoup
» trop exaltée, mais plein de fierté, de nobles-
» se, de grandeur d'âme, susceptible, en un
» mot, de sentiments assez élevés pour ne
» se plaire qu'au récit des actions les plus
» héroïques. Ce tableau pourrait être flatté ;
» mais s'il est vrai pourtant qu'on ne puisse
» mieux juger du caractère d'une nation, que
» par les ouvrages qui ont chez elle le plus
» de faveur, il faut admetre que, dans le siècle
» passé, la nôtre avait conservé du moins quel-
» ques-uns de ces traits, et que c'est là ce que
» lui faisait trouver tant de charmes à la lec-
» ture de ces romans qui ne respiraient que la
» bravoure et l'honneur.

« Ce fut La Calprenède, dit Voltaire, qui
» mit les longs romans à la mode. Le mérite
» de ces romans consistait dans des aventures
» dont l'intrigue n'était pas sans art et qui
» n'étaient pas impossibles, quoiqu'elles fus-

» sent presque incroyables. Le Boïardo, l'A-
» rioste, le Tasse, au contraire, avaient chargé
» leurs romans poètiques de fictions qui sont
» entièrement hors de la nature : mais les
» charmes de leur poésie, les beautés innom-
» brables de détail, leurs allégories admirables,
» surtout celles de l'Arioste, tout cela rend ces
» poèmes immortels, et les ouvrages de La
» Calprenède, ainsi que les autres grands
» romans, sont tombés. Ce qui a contribué à
» leur chute, c'est la perfection du théâtre. On
» a vu dans les bonnes tragédies et dans les
» opéras beaucoup plus de sentiments qu'on
» n'en trouve dans ces énormes volumes; ces
» sentiments y sont bien mieux exprimés, et
» la connaissance du cœur humain beaucoup
» plus approfondie. Aussi Racine et Quinault,
» qui ont un peu visité le style de ces romans,
» les ont fait oublier en parlant au cœur un
» langage plus vrai, plus tendre et plus harmo-
» nieux. »

Enfin, dans ces dernières années, M. Cousin a fait un livre, *La Société Française au XVIIe siècle, d'après le* GRAND CYRUS, *(ou* ARTAMÈ-NE) *de Mademoiselle de Scudéry,* qui prouve que la lecture de ces romans n'est pas toujours infructueuse pour l'histoire qui veut retrouver,

jusque sous ses aspect les plus frivoles, la phy-
siomonie d'une époque disparue.

Il me sera donc permis de faire appel du
jugement trop sévère de la postérité à l'égard
des romans de La Calprenède. Je ne l'oserais
pas pour son théâtre. Rien n'est plus plat, plus
soporifique. Si l'on voulait cependant établir,
à toute force, un parallèle entre deux auteurs
périgourdins qui vécurent à la même époque,
dont les productions théâtrales ont été souvent
applaudies par les mêmes spectateurs, et qui
sont aujourd'hui à peu près également oubliés,
on pourrait dire que La Calprenède fut à Racine, quoique à un degré encore inférieur, ce
que Cyrano Bergerac fut à Corneille.

CHAPITRE II.

THÉATRE.

es dix pièces du théâtre de La Calprenède, sont, dans l'ordre de production :

1° La Mort de Mithridate, tragédie, 1635 ;
2° Bradamante, tragi-comédie, 1636 ;
3° Jeanne d'Angleterre, tragédie, 1637 ;
4° Le Clarionte ou le sacrifice sanglant, tragi-
comédie, 1637 ;
5° Le comte d'Essex, tragédie, 1638 ;
6° La mort des Enfants d'Herode ou la suite de
Marianne, tragédie, 1639 ;
7° Edouard, tragi-comédie, 1639 ;
8° Phalante, tragédie, 1641 ;
9° Herménigilde, tragédie en prose, 1643 ;
10° Bélisaire, tragi-comédie, 1659.

Elles ont toutes été imprimées, à l'exception
de la dernière ; huit, de format in-4° et une,

2

Jeanne d'Angleterre, in-12. Il n'en existe pas d'édition collective (*). Il est donc très difficile, dit Brunet, de réunir le théâtre complet de La Calprenède. Et, en effet, depuis plus de dix ans que je m'en occupe, je ne suis parvenu à me procurer que trois pièces; il est vrai que ce sont précisément les meilleures, ou, si l'on préfère, les moins mauvaises : *La Mort de Mithridate, le Comte d'Essex* et *Edouard;* le reste ne vaut guère la peine d'être recherché. Je vais cependant procéder à une revue de détail des unes et des autres, en suivant l'ordre chronologique, indiqué dans le petit tableau ci-dessus. Mais l'attention que je leur accorderai sera proportionnée à leur mérite ; quand à celles que je n'ai pu analyser par moi-même, je ne ferai que reproduire, à leur article, en les abrégeant même, les courtes notices qui leur sont consacrées dans l'excellente *Histoire du théâtre français* des frères Parfaict.

(*) Il s'est pourtant trouvé, à la vente de Soleine, un exemplaire du théâtre de La Calprenède avec ce titre général : *Poëmes dramatiques de messire Gaultier de Costes, chevalier, seigneur de La Calprenède, de Toulgou.........Paris, 1679.* Mais ce n'était qu'un recueil factice d'éditions séparées des diverses pièces, auquel un libraire avait mis un titre général pour les vendre plus facilement.

I. — LA MORT DE MITHRIDATE

Tragédie (1635).

———

ette tragédie est le premier ouvrage de La Calprenède. Quoiqu'ayant paru au théâtre deux ans auparavant, elle n'a été imprimée qu'en 1637, à Paris, chez Antoine de Sommaville, avec une dédicace à la reine, où se retrouvent ces éloges emphatiques de la personne à laquelle le livre est offert et cette humilité de l'auteur, trop exagérée pour être sincère, qu'on se croyait obligé, en ce temps-là, de mettre en tête du moindre opuscule comme du plus gros in-folio. Mais l'épître au lecteur est certainement un des plus jolis modèles de style fanfaron, qui soit jamais sorti de la plume d'un enfant des bords de la Garonne. Notre jeune périgourdin ne menace-

point de son épée les gens qui n'admireraient pas assez son ouvrage, comme Georges de Scudéri, ce gascon, né en Normandie; tout au contraire, il affecte une sorte d'indifférence hautaine pour la critique; un peu plus, il rougirait d'être surpris en flagrant délit de poésie. Lui, un militaire, écrivain? Fi donc! Comme il s'en défend !

Il faut lire cette épître. Après une excuse sur l'impression de sa pièce, qu'il veut nous faire entendre n'avoir souffert qu'à regret, il continue ainsi :

« La profession que je fais, ne me peut permettre, sans quelque honte, de me faire connaître par des vers, et tirer de quelque méchante rime une réputation, que je dois seulement espérer d'une épée que j'ai l'honneur de porter. »

Aux motifs qui l'ont décidé à se faire imprimer, il ajoute plus loin celui-ci : « Ayant assez imprudemment prêté mon manuscrit à des personnes à qui je ne le pouvais refuser sans incivilité, quinze jours après j'en vis trente copies et j'appréhendai avec quelque raison, qu'un valet de chambre plus soigneux de quelque petit gain que de votre satisfaction (c'est au lecteur qu'il parle) ne vous fit voir,

» avec deux mille fautes des siennes, ce qu'à
» peine souffrirez-vous avec les miennes. »

Il avoue aussi « que les flatteries de ses amis
» l'ont emporté pardessus la mauvaise opinion
» qu'il avait » de son œuvre, et lui « ont à la
» fin persuadé qu'il s'était imprimé et s'impri-
» mait encore tous les jours de pires chan-
» sons. »

Ce n'est que « le coup d'essai d'un jeune
» soldat » qui a « la créance » qu'on ne le
traitera pas avec trop de rigueur et que le
public jugera « avec bonté que des cadets du
» régiment des gardes, comme j'avais, dit-il,
» l'honneur d'être pour lors, ont d'aussi mau-
» vaises occupations. »

La pièce n'est pas sans défauts ; il y a peut
être « un bon nombre de fautes contre la
» langue. Mais on considérera ce qu'on pou-
» vait en ce temps-là espérer d'un gascon,
» sorti de son pays depuis quinze jours, et
» qui ne savait de français que ce qu'il en
» avait lu en Périgord, dans les Amadis de
» Gaule. » (*)

Nous pardonnerions volontiers quelque
chose à un premier début ; nous ne sommes

_____

(*) Romans de chevalerie.

plus, aujourd'hui, assez exigeants pour vouloir qu'un auteur respecte la vérité historique au point de n'oser introduire dans un sujet emprunté à l'antiquité, un personnage de son invention. Que nous importerait encore que La Calprenède eût fait mourir Mithridate à Sinope ou ailleurs, et qu'il eût violé la règle de l'unité de lieu, en transportant la scène, tantôt dans le palais du roi, et tantôt hors des murs de la ville, si sa tragédie était bonne ? C'est pourquoi nous ne nous arrêtons pas aux explications qu'il donne afin de se justifier d'avoir choisi Sinope plutôt qu'une autre ville pour y placer le lieu de l'action, associé la vaillante amazonne Hypsicratée à la mort de son royal mari, donné à Pharnace, ce fils rebelle, une femme qui se refuse à tremper dans ses complots et qui préfère le poison à la vie et à un trône, partagé avec un époux criminel, quelle aime pourtant....

Nous laissons au poète toute liberté, mais nous voulons qu'il nous intéresse. Malheureusement, la *Mort de Mithridate* péche contre cette règle unique de la poétique moderne tout autant que contre celles d'Aristote. Et il faut que les auteurs de l'*Histoire du théâtre français* y aient mis beaucoup de bonne volonté pour avoir découvert, dans cette pièce, des motifs d'éloges, aussi mitigés qu'ils soient.

La versification de La Calprenède est aisée, je le reconnais, trop aisée même. Le cardinal de Richelieu qui tranchait du connaisseur, mais dont les arrêts en matière littéraire ont été rarement confirmés par la postérité, jugeait cependant assez bien les vers de notre auteur, lorsqu'il les trouvait « lâches. » A quoi celui-ci, informé du propos, répondit, dit-on : « Il » n'y a rien de lâche dans la maison de La » Calprenède. » Cette fière riposte valait, à elle seule, mieux que ses plus longues tirades, et s'il eût semé beaucoup de mots aussi heureux dans ses tragédies, on n'éprouverait pas, en les lisant, cette irrésistible envie de bâiller. Il n'y a point, à la vérité, de ces vers rocailleux ou étrangement contournés, si fréquents chez les poètes de son époque. Mais c'est bien pis : un ouvrage médiocre avec uniformité est encore bien plus insupportable qu'une œuvre où le mauvais détonne parfois en bizarreries et en incongruités monstrueuses, qui du moins rompent la monotonie de la lecture.

La Calprenède n'avait pas le souffle puissant du poète tragique ; il eût certainement mieux réussi dans un genre moins élevé. La preuve s'en trouve dans la *Mort de Mithridate* même.

A la première scène du 5ᵉ acte, Mithridate, ↓
vaincu et assiégé dans son palais par les
Romains à la tête desquels est son propre fils,
qui aspire à le détrôner, délibère de se donner
la mort. Il fait ses adieux à la vie en vers de
huit syllabes, qui forment comme une petite
pièce détachée, cousue dans la contexture du
drame. Elle est assez passable et dans tous les
cas, préférable aux alexandrins, au milieu
desquels elle est enchâssée. Je n'ai pas pris la
peine d'exhumer de l'oubli nos vieux auteurs,
pour me procurer le malin plaisir de les *érein-
ter ;* je saisirai toujours, au contraire, avec le
plus grand empressement, les occasions de
montrer les côtés louables de leur talent, et si
je n'en dissimule pas les côtés faibles ou défec-
tueux, c'est l'amour seul de la vérité qui m'y
oblige.

Voici le morceau en question :

Ceux qui font un bien véritable
D'un bonheur instable et mouvant,
Charmés d'un appas décevant,
Ne sont fondés que sur le sable.
Par une aveugle passion
Ils bornent leur ambition

Aux plaisirs qu'un sceptre leur donne.
Mais si tous avaient comme moi,
Senti le poids d'une couronne
Un berger craindrait d'être roi.

Gloire, grandeur, sceptres, victoire,
Vous fûtes mes honneurs passés,
Et de ces titres effacés,
Je n'ai gardé que la mémoire.
Tout mon bonheur s'évanouit,
Mais le perfide qui jouit
Du bien que son crime lui donne,
Un jour avouera comme moi,
Que s'il connaissait la couronne,
Un berger craindrait d'être roi.

Il n'est point de haine et de rage,
Dont le sort ne m'ait poursuivi ;
Mais il ne m'a pas tout ravi,
Puisqu'il me laisse le courage.
Doncques ne délibérons plus,
Tous ces regrets sont superflus,
Faisons ce que le ciel ordonne,
Et mes neveux diront de moi,
Que si je perds une couronne,
Je conserve le cœur d'un roi.

La Calprenède est généralement regardé comme le créateur de la tragédie, qu'on a appelée quelquefois depuis *racinienne*, parce que c'est Racine qui l'a portée à son plus haut degré de perfection. Il délaissa, en effet, le ton cavalier et hardi du théâtre de l'école de Corneille, pour s'attacher de préférence à la peinture des sentiments doux et langoureux. Mais s'il est vrai qu'il ait été le précurseur de Racine, combien le *disciple* s'est élevé au-dessus du *maître !* Ils ont traité l'un et l'autre ce même sujet de la mort de Mithridate. Ce serait faire injure à Racine que d'établir une comparaison quelconque entre les deux pièces.

II. — BRADAMANTE

Tragi-Comédie (1636).

De toutes les pièces de M. de La Calprenède, voici la plus faible, pour la conduite et la versification, et nulle noblesse dans la peinture des caractères de ses personnages. On y trouve même des scènes qui frisent les discours des petits bourgeois. *(Histoire du théâtre français).*

III. — JEANNE D'ANGLETERRE.

Tragédie (1637).

————

douard VI, roi d'Angleterre, étant mort sans enfants, avait institué sa nièce, Jeanne Grey, fille d'une de ses sœurs et du duc de Suffolk, héritière de la couronne, au préjudice de ses deux autres sœurs Marie Tudor et Elisabeth. Le duc de Northumberland, dont le fils avait épousé Jeanne, la fit proclamer reine par quelques partisans, malgré l'opposition du Parlement qui cassa le testament d'Edouard VI, et appela Marie Tudor au trône. Cette dernière étant entrée à Londres à la tête d'une armée s'empara de sa rivale et du duc de Northumberland qui furent décapités, par sentence du Parlement.

Tel est le sujet de cette tragégie.

Sur le faux bruit de la mort de l'auteur, le libraire Sommaville, s'empressa de la publier et la dédia, en son propre nom, à l'abb: d'Armentières.

« L'estime dont je vous ai vu honorer cette
» pièce, lui dit-il, autorise en quelque façon,
» ou excuse tout à fait, la hardiesse que je
» prends de vous l'offrir ; et le dessein de
» satisfaire la volonté de l'auteur, m'impose
» l'heureuse et agréable nécessité de le faire,
» et si feu M. de La Calprenède avait jeté les
» yeux sur toute la France, il n'aurait pu ren-
» contrer un plus digne appui de sa renommée
» et de la gloire de son poème. »

La Calprenède se montra peu satisfait du zèle du libraire. Ayant fait imprimer, quelques années plus tard, son *Comte d'Essex*, il termi-nait ainsi la préface qu'il y joignit : « Pardonnez
» les fautes de l'impression comme celles d'une
» misérable Jeanne d'Angleterre que j'ai faite
» d'autres fois, où il y en a sans mentir autant
» que de mots, c'est une tragédie que j'avais
» chèrement aimée, mais par malheur elle fut
» jouée et imprimée en mon absence, comme
» je vous ai déjà dit, et l'imprimeur sur quel-
» ques légères apparences m'a fait passer pour

» mort dans son épître, quoique, Dieu merci,
» je ne me sois jamais mieux porté. »

C'est sans doute aussi parce que cette pièce a été imprimée sans l'aveu de l'auteur, qu'elle est de format in-12, tandis que toutes les autres sont in-4°.

Il en est souvent des écrivains comme des pères de famille qui ont une prédilection marquée pour ceux de leurs enfants qui en sont le moins dignes, et la préférence qu'ils accordent à tel ou tel de leurs ouvrages n'est pas toujours justifiée. La Calprenède a pu aimer aussi « chè-» rement » qu'il lui a plu sa *Jeanne d'Angle-terre*, ce n'en est pas moins une bien mauvaise tragédie.

IV. — LE CLARIONTE

OU LE SACRIFICE SANGLANT

Tragi-Comédie (1637).

Clarionte, fils du prince de Corse, obtient Rosimène, fille du roi de Sardaigne pour femme. En retournant en Corse, une tempête fait échouer son vaisseau dans l'île de Majorque. Les habitants l'arrêtent à cause de sa beauté, attendu qu'un oracle leur a ordonné de sacrifier tous les ans le plus bel homme qui se pourra trouver. Mélie, fille du roi de Majorque, qui en devient amoureuse, obtient que la vie de cet infortuné soit conservée pour l'année suivante. Pendant ce temps Rosimène qui croit Clarionte mort, lui dresse un tombeau dans une forêt où elle s'est retirée depuis sa perte. Voilà où commence la pièce. Rosimène apprend que Clarionte n'a point été sacrifié, mais que ce jour même sera celui de sa mort : elle se déguise en homme et vient s'offrir pour lui. Mélie également travestie en fait autant. Dans le moment que le grand sacrificateur est prêt d'immoler Clarionte, on vient avertir le roi de Majorque que son île est prise par l'armée navale des Corses ; Flamidore, frère de Clarionte survient, alors le grand Prêtre annonce la fin du sanglant sacrifice par ce second oracle :

Lorsque pour expier vos crimes
On verra trois belles victimes
Disputer un bonneur, dont la mort est le prix
Vous serez soulagés de vos peines souffertes,
Et vous réparerez vos pertes.

La réunion de Clarionte et de Rosimène, le mariage de Flamidore avec Mélie, et l'abolition du Sanglant Sacrifice terminent cette pièce, qui peut avoir eu quelque succès par les évènements dont elle est remplie, mais qui n'en est pas moins follement imaginée, mal arrangée et faiblement versifiée. Ce sujet est de l'invention de La Calprenède. (*Histoire du théâtre français*).

V. — LE COMTE D'ESSEX

Tragédie (1638).

S i l'on entend par chef-d'œuvre, en un genre donné, toute production où un auteur a le mieux réussi, le *Comte d'Essex* sera certainement le chef-d'œuvre dramatique de La Calprenède. La lecture en est très supportable, et il y a deux ou trois passages qu'on peut citer avec éloges.

La pièce est dédiée à Madame la princesse de Guimené. « Ce fut à vos pieds, lui dit
» l'auteur, que je trouvai mon premier asile,
» et vous eûtes la bonté d'appuyer les com-
» mencements d'un jeune cadet sortant des
» gardes; encore chancelant de sa famine
» d'Allemagne, vous lui donnâtes un courage
» qu'il n'avait point reçu de son naturel, et
» le fîtes enhardir en des choses auxquelles,
» s'il a mal réussi, à tout le moins a-t-il la

3

» gloire de vous avoir donné des marques de
» son obéissance; permettez-moi de vous dire
» que c'est tout le fruit que j'en ai recueilli, et
» qu'hormis l'honneur que j'ai eu de vous
» plaire, cet amusement m'a été nuisible en
» toutes façons, je suis tombé dans le malheur
» du siècle; et dans l'esprit même de ceux qui
» dispensent les bonnes et les mauvaises
» fortunes, j'ai peut-être passé pour incapable
» des choses ordinaires, parce que j'étais
» capable de quelque chose d'extraordinaire à
» ceux de ma profession. »

Madame la princesse de Guimené avait donc
encouragé les débuts de La Calprenède au
théâtre. Il ressort aussi de ce qui précède, que
les goûts littéraires nuisaient alors à l'avance-
ment d'un cadet aux gardes, comme de pareils
goûts nuiraient encore aujourd'hui à l'avance-
ment d'un jeune sous-lieutenant qui s'aviserait
de faire jouer des comédies. Les gens de lettres
n'ont jamais été en faveur dans l'armée ni dans
l'administration; ils y ont toujours « passé
» pour incapables des choses ordinaires parce
» qu'ils sont capables de quelque chose
» d'extraordinaire à ceux de la profession. »
Et ce n'est peut-être pas aussi déraisonnable
que cela paraît de prime abord. Le commerce

des muses élève et agrandit l'esprit ; il le rend peu propre à s'appliquer à cette foule de menus détails, souvent puérils, dont se compose ce que les gens du métier appellent avec emphase, la science militaire ou la science administrative. On rencontrera rarement chez l'homme de lettres cette passivité absolue qui est la première qualité du bon soldat. Le fonctionnaire n'est-il pas, lui aussi, une espèce de mécanisme, un rouage animé, fixé à son rang hiérarchique, où il reçoit les ordres et les instructions de ses chefs, qu'il transmet automatiquement à ses subalternes, s'il occupe un degré intermédiaire de l'échelle administrative, et qu'il exécute ponctuellement lorsqu'il est agent d'exécution ? Les esprits qui ont contracté des habitudes d'indépendance, en vagabondant dans les champs de l'imagination, ne sont pas les plus aptes à remplir ce rôle passif.

La Calprenède qui, dans la préface de *Mithridate*, éprouvait « quelque honte à se faire connaître par des vers » est, ici, bien près de protester contre ce préjugé « cette erreur du siècle » qui fait regarder comme indigne d'un homme d'épée les occupations littéraires. Il continue à se dire indifférent à la critique, mais on sent bien que cette indifférence est affectée.

Voici un extrait de son *Epître au lecteur* :

« Lecteur, je ne prétends point vous donner
» bonne opinion de cet ouvrage : J'espère si
» peu de gloire de ceux de cette nature, que
» je ne craindrai point de vous dire que le
» jugement que vous en ferez m'est indifférent,
» et qu'hormis votre satisfaction qui m'est
» chère, je n'en veux point tirer d'un amuse-
» ment que l'erreur du siècle rend presque
» honteux à ceux de ma profession. Je ne
» combattrai point ici l'aveuglement de ceux
» qui sont dans cette opinion, et je ferai encore
» moins le fanfaron, étant d'un pays qu'on
» soupçonne assez de ce vice : mais je vous
» redirai franchement, que si je dois espérer
» quelque honneur dans le monde, je le dois
» véritablement tirer d'ailleurs. . . . .
» Ce n'est pas que beaucoup d'honnêtes
» gens ne s'y emploient, et que l'exemple de
» plusieurs personnes de condition et de mérite,
» ne puisse autoriser ce divertissement : mais
» enfin le nombre des ignorants prévaut à celui
» des habiles gens, et nous devons souffrir ce
» petit déplaisir du malheur et de la corruption
» du siècle. »

Le *Comte d'Essex* étant la meilleure des
pièces de La Calprenède, je m'étendrai, à son

sujet, plus longuement que je ne l'ai fait pour les autres.

Elisabeth, reine d'Angleterre, vient d'apprendre que le comte d'Essex, son favori, qu'elle a comblé de biens et d'honneurs, a comploté de lui enlever le trône et la vie ; il s'est mis en raport avec le comte de Tiron, chef des révoltés irlandais. Elle le mande dans son cabinet et lui reproche sa trahison. Elle lui montre une lettre qu'il a écrite à Tiron, et qui porte sa signature et un cachet à ses armes. Il nie et refuse de se justifier ; ce sont ses ennemis, ceux de la reine et de l'Angleterre qui l'accusent. Des calomnies peuvent-elles prévaloir contre les nombreux et loyaux services qu'il a rendus à sa souveraine et à son pays ? Il prend la lettre des mains d'Elisabeth et la déchire avec un geste d'indignation, mais ne parvient pas à convaincre la reine de son innocence. Aussi refoulant au fond de son cœur l'amour qu'elle a pour lui, elle ordonne qu'on s'empare de sa personne et qu'on l'enferme dans la Tour de Londres, avec le comte de Southampton, que La Calprenède écrit *Soubtantonne*, son complice et son ami. Ces deux seigneurs sont arrêtés, conduits en prison.

William Cecil ou Cécile, ennemi du comte d'Essex, exhorte la reine à persister ferme dans sa résolution de punir le traître ; d'autre part, le comte de Salisbury ou Salsbury, d'après l'orthographe de La Calprenède, est d'avis de ne point agir avec trop de précipitation ; les juges doivent examiner l'affaire avec une sage lenteur et prendre garde, en voulant punir un crime qui ne serait pas suffisamment prouvé, d'en commettre un plus grand. Il lui répugne de voir un coupable dans un homme tel que le comte d'Essex.

Elisabeth prie Cécile d'interroger adroitement Southampton et de lui arracher, si c'est possible, la confession de la vérité. Cécile promet.

Partagée entre ses devoirs de souveraine et ses désirs d'amante, elle charge la femme de Cécile de se rendre, de son côté, auprès de l'autre prisonnier, de celui qui lui est le plus cher, de l'engager à sauver sa tête en faisant des aveux complets, qui permettent à sa reine offensée de lui accorder un pardon qu'il n'a qu'à demander pour l'obtenir.

Madame Cécile hésite à remplir cette commission, car elle aime elle aussi, le comte d'Essex, et s'en est crue aimée pendant longtemps, mais la confidence d'Elisabeth lui a ouvert les yeux sur l'infidélité de son amant. Obéira-t-elle aux ordres de sa souveraine ou bien profitera-t-elle de l'occasion qui se présente pour perdre l'homme qui l'a indignement trompée ? Elle se décide enfin à aller voir le comte dans sa prison où elle a avec lui un long entretien dans lequel elle s'efforce de ne pas laisser éclater son ressentiment. Essex, pressé par son interlocutrice de reconnaître ses torts, fait cette réponse pleine d'une fière ironie :

> Oui, je suis prêt Madame,
> Devant sa majesté je veux ouvrir mon âme,
> Lui rendre des devoirs et des soumissions,
> Implorer sa merci par mes confessions,
> Avouer à ses pieds mes actions plus noires,
> Lui demander pardon de toutes mes victoires,
> Lui demander pardon du sang que j'ai perdu.
> Du repos éternel que je vous ai rendu.
> De mille beaux effets, de mille bons services,
> De cent fameux combats et de cent cicatrices.
> C'est de quoi je suis prêt à lui crier merci,
> C'est tout ce que je fais, je le confesse aussi.
> Et je ne puis nier à toute l'Angleterre,
> Des crimes si connus presque à toute la terre.

Madame Cécile se retire et va rendre compte à la reine de l'insuccès de sa démarche.

Le comte d'Essex comparaît devant ses juges : il n'est nullement abattu, et persiste

dans ces dénégations. Il dédaigne de se défendre, et, d'accusé se transforme en accusateur :
il rappelle à ces hauts et puissants barons qui
sont rassemblés pour le juger, qu'il a été leur
maître, qu'ils ont tremblé devant lui, et qu'ils
étaient naguère trop heureux de lui obéir.
Southampton ne veut pas séparer son sort de
celui de son ami. Le tribunal les condamne
tous les deux à la peine capitale.

Sir Popham prononce la sentence :

Suivant l'autorité que ma charge me donne,
Robert comte d'Essex, avec Soubtantonne,
Leur réponse entendue et leur droit disputé,
Paraissent convaincus de lèse Majesté,
D'avoir ouvertement attaqué la couronne,
Et notre grande Reine en sa propre personne,
Et pour punition de ce noir attentat
Et contre notre reine et contre notre Etat,
Leur faisant grâce et droit, nous condamnons leurs
A réparer leur faute.   [têtes

La reine gracie Southampton, et fait différer
l'exécution de l'arrêt de mort en ce qui con-
cerne le comte d'Essex, espérant triompher
enfin de son obstination. Elle est insensible
aux prières des amis du comte, et exige de lui
un acte de soumission et de repentir.

Madame Cécile revient de nouveau à la
charge, et le comte vaincu par ces sollicita-

tions, lui jure de ne plus vivre que pour elle, et lui confie qu'il a un moyen sûr d'obtenir sa grâce. Au temps de sa plus grande faveur, il a reçu une bague de la main d'Elisabeth avec la promesse de celle-ci de lui accorder tout ce qu'il lui demanderait, à la présentation de cette bague, fut-ce le pardon des plus grands crimes. Il remet la bague à Madame Cécile pour la présenter, de sa part, à la reine. Mais la jalousie s'empare tout à coup de l'âme de cette femme à qui il vient de promettre un amour éternel et dont il s'est déjà joué plus d'une fois ; ne croyant plus à la sincérité de ses serments, elle médite une atroce perfidie, prend la bague et au lieu de la faire tenir à la reine, la garde et se fait un mérite de cette action auprès de son mari, le plus acharné des ennemis du comte.

Elisabeth ne peut retarder davantage l'exécution ; elle signe l'arrêt, et la tête d'Essex tombe sur l'échafaud. Avant de mourir, il adresse ces paroles au peuple anglais :

Peuple anglais, s'il demeure un jour dans vos mémoires
Le moindre souvenir de ces belles victoires,
Dont souvent avec vous j'ai partagé l'honneur,
Marchant à votre tête avec tant de bonheur ;
Oui, oui, s'il vous souvient des illustres conquêtes
Qui de tant de lauriers ombragèrent vos têtes,

Verrez-vous sans regrets dans les derniers malheurs,
Le plus brave témoin de vos rares valeurs ?
Ah ! s'il vous reste encore après cette mémoire
Un généreux désir de conserver ma gloire,
Que mon meilleur ami, par un coup plus humain,
Me détourne celui d'une honteuse main,
Qu'un de mes compagnons, qu'un soldat charitable,
Donne à son général un trépas honorable ;
Et ne permette pas, s'il est homme de bien,
Qu'un homme comme moi....., Mais vous n'en ferez
[rien,
Et je ne lis que trop sur ces pâles visages
Qu'il ne vous reste rien de vos premiers courages,
Et que vous oubliez ce que je vous appris.
Ah ! je vois ta bassesse avec tant de mépris,
Peuple vil, peuple abject, que la mienne m'offense,
D'avoir à mon trépas cherché ton assistance.

. . . .

. . . .

Il ignore que Madame Cécile n'a pas remis
la bague à la reine et accuse Elisabeth d'avoir
manqué à sa parole royale.

A la nouvelle de la mort du comte, Madame
Cécile se sent prise de remords ; elle adresse
de sanglants reproches à son mari et se rend à
la cour, où elle s'évanouit. Revenue de son
évanouissement, elle fait avertir la reine qu'elle
a un secret important à lui révéler. Et lorsque
Elisabeth s'est approchée du lit sur lequel on
l'a déposée, elle lui avoue son amour pour le
comte d'Essex et l'action abominable que lui a
inspirée la jalousie.

La reine, en proie au plus violent désespoir, donne un libre cours à sa douleur; mais elle exhale ses regrets en vers assez plats, qui finissent mal la pièce. Le dernier est peut-être le plus ridicule de tous ceux qu'a jamais faits La Calprenède. Elisabeth succombant sous les poids de son affliction, dit à sa suivante :

> Mon cœur s'affaiblit,
> Pour la dernière fois, mène moi sur mon lit.
> (*La toile tombe*).

La disgrâce tragique du comte d'Essex est un sujet qui s'adapte très bien à la scène; Thomas Corneille et l'abbé Claude Boyer (*) l'ont heureusement traité après La Calprenède. Leurs deux pièces furent représentées la même année 1678, mais sur des théâtres différents, la première, à l'Hôtel de Bourgogne, et la seconde au théâtre Guénégaud. Elles sont l'une et l'autre supérieures à la tragédie de La Calprenède, celle de Thomas Corneille surtout. Une analyse comparative des trois *Comte d'Essex* nous mènerait trop loin ; il est cependant de mon devoir d'historien de montrer que c'est dans l'œuvre de La Calprenède que les

---

(*) Thomas Corneille, né à Rouen en 1625; Claude Boyer, né à Alby en 1618.

deux autres poètes ont pris l'idée de leurs drames. Ils le reconnaissent, du reste, eux-mêmes. Voici d'abord comment Thomas Corneille s'exprime. *(Préface du Comte d'Essex) :*

« Il y a trente ou quarante ans que feu M.
» de La Calprenède traita le sujet du *Comte*
» *d'Essex,* et le traita avec beaucoup de succès.
» Ce que je me suis hasardé de faire après lui
» semble n'avoir point déplu, et la matière est
» si heureuse par la pitié qui en est inséparable,
» qu'elle n'a pas laissé examiner mes fautes
» avec toute la sévérité que j'avais à craindre.
» Il est certain que le Comte d'Essex eut grande
» part aux bonnes grâces d'Elisabeth. Il était
» naturellement ambitieux, les services qu'il
» avait rendus à l'Angleterre, lui enflèrent le
» courage. Ses ennemis l'accusèrent d'intelli-
» gence avec le comte de Tiron, que les
» rebelles d'Irlande avaient pris pour chef.
» Les soupçons qu'on en eut lui firent ôter le
» commandement de l'armée. Ce changement
» le piqua, il vint à Londres, révolta le peuple,
» fus pris, condamné, et ayant toujours refusé
» de demander grâce, il eut la tête coupée, le
» 25 février 1601, voilà ce que l'histoire m'a
» fourni. J'ai été surpris qu'on m'ait imputé

» de l'avoir falsifiée, parce que je ne me suis
» point servi de l'incident d'une bague qu'on
» prétend que la reine avait donnée au comte
» d'Essex pour gage d'un pardon certain,
» quelque crime qu'il pût jamais commettre
» contre l'Etat ; mais je suis persuadé que
» cette bague est de l'invention de M. de La
» Calprenède, du moins je n'en ai rien lu dans
» aucun historien. Camdenus, qui a fait un
» gros volume de la seule vie d'Elisabeth,
» n'en parle point, et c'est une particularité
» que je me serais cru en pouvoir de suppri-
» mer, quand même je l'aurais trouvée dans
» son histoire. »

Et ce n'est pas là le seul changement que
Thomas Corneille ait introduit dans sa pièce,
de telle sorte qu'elle doit être regardée comme
une œuvre originale, malgré des ressemblances
éloignées avec celle de La Calprenède.

L'abbé Boyer s'est tenu beaucoup plus près
de son modèle :

« M. Corneille et moi, dit-il, nous avons
» puisé les idées d'un même sujet dans une
» même source, c'est-à-dire dans le comte
» d'Essex que M. de La Calprenède a fait il
» y a plus de trente ans. J'avouerai de bonne
» foi que je l'ai imité dans quelques endroits,

» et que même je me suis servi de quelques
» vers de sa façon. J'ai cru que puisque nos
» meilleurs auteurs se piquent d'emprunter
» les sentiments et les vers des anciens qui
» nous ont devancés de plusieurs siècles, que
» nous pouvions aussi emprunter quelque
» chose de ceux qui ne sont plus, et qui
» nous ont précédés de quelques années, et
» d'ailleurs étant pressé du temps, et de l'envie
» d'achever promptement mon ouvrage, j'ai
» fait céder mon scrupule à mon impatience. »

Son scrupule a cédé quelquefois jusqu'au
point de lui faire transporter presque vers pour
vers, dans sa pièce, des passages entiers de
la tragédie de La Calprenède ; le suivant, par
exemple :

Le comte d'Essex répond à Coban, son
ennemi, envoyé par la reine pour tâcher de
lui faire avouer son crime :

> Puisque vous le voulez, allez sans différer,
> Lui dire qu'à ses pieds je vais tout déclarer,
> Et de mes actions avouer les plus noires,
> Lui demander pardon de toutes mes victoires,
> Lui demander pardon du sang que j'ai versé ;
> D'un monde d'ennemis à ses pieds renversé,
> Lui demander pardon d'avoir contraint l'envie
> A force de vertus, d'attenter sur ma vie,

C'est de quoi votre esprit voulait être éclairci,
C'est tout ce que jai fait, je le confesse aussi,
Et je ne puis nier à toute l'Angleterre
Des crimes si connus presqu'à toute la terre.

Boyer a rétabli l'incident de la bague.

« Je n'ai pas oublié, dit-il, la circonstance
» de la bague. Je veux croire que M. Corneille
» a eu ses raisons pour le faire, je la tiens
» historique, et d'ailleurs c'est une tradition
» si constante parmi tous les anglais, que
» ceux de cette nation qui ont vu le comte
» d'Essex à l'Hôtel de Bourgogne (celui de
» Thomas Corneille), ont eu quelque peine à
» le reconnaître par le défaut de cet incident. »

Malgré tout, le *comte d'Essex* de l'abbé
Boyer offre de notables différences avec celui
de La Calprenède. Les frères Parfaict font très
bien ressortir ces différences.

« Si l'on veut prendre la peine, écrivent-ils,
» de conférer la tragédie de M. de La Calprenède
» avec celle de M. Boyer, on reconnaîtra
» aisément la supériorité de la dernière. La
» première a l'avantage de l'invention, l'autre
» n'en a pas moins par l'art dont elle est
» conduite. On y trouve des défauts essentiels,
» mais moindres que dans la première, qui,
» outre cela, est, suivant le goût du temps,

» pleine de longues et ennuyeuses tirades. La
» comparaison des personnages est encore
» favorable à M. Boyer. Elisabeth et le comte
» d'Essex agissent avec plus de dignité, et
» sont plus intéressants. Coban, qui tient la
» place de Cécile, de M. de La Calprenède, le
» surpasse en esprit, et en adresse; et la
» duchesse de Clarence l'emporte fort sur
» Madame Cécile par sa véritable tendresse
» et ses sentiments. » Cette dernière remarque
est surtout vraie, car la duchesse de Clarence,
qui remplace dans la pièce de l'abbé Boyer,
Madame Cécile, de la tragédie de La Calprenède, se conduit plus noblement : dès qu'elle
a reçu la bague, elle s'empresse de la porter à
la reine; malheureusement elle arrive trop
tard; le comte vient d'être exécuté.

VI. — LA MORT DES ENFANTS D'HÉRODE

OU LA SUITE DE MARIAMNE

Tragédie (1639).

L'imprimé est dédié au cardinal de Richelieu, l'auteur s'y excuse de n'avoir pas plus tôt offert ses ouvrages à son Eminence.

« Alexandre et Aristobule, fils de Mariamne
» et d'Hérode, perdent la tête sur un échafaud :
» ils sont condamnés à ce supplice sur de fausses
» lettres qu'Antipater, fils naturel d'Hérode,
» fait fabriquer au nom de ces princes, par
» Diophante, secrétaire d'Hérode. Les princes
» accusés ne se défendent point, sur la fausseté
» des témoignages, sur lesquels on les accuse.
» Alexandre croit que sa femme Glaphyra est
» aimée de son père, ce sentiment n'est fondé

4

» sur aucune apparence. Pièce faible, ver-
» sification pleine de pointes, et sans nulle
» pensée. »

(Les frères Parfaict. — *Hist. du théât. fr.*).

VII. — EDOUARD.

Tragi-Comédie (1639).

Edouard est le troisième des ouvrages
dramatiques de La Calprenède qui ne
soit pas tout à fait détestable. Il a été
imprimé en 1640, chez Augustin Courbé, in-4°,
avec une dédicace au duc d'Angoulême, où
l'auteur renouvelle ses plaintes sur l'injustice
du siècle à l'égard des gentilshommes qui se
mêlent de faire des vers, et annonce son projet
de ne plus écrire désormais pour le théâtre. Il
a remarqué « avec un de ses amis qu'il est
» désavantageux et fatal à un gentilhomme
» d'avoir quelqu'une des grâces particulières
» des Muses, et que si une personne de cette
» condition sait ou chanter, ou jouer du luth,
» ou faire des vers, quoique ces occupations

» ne le détournent point des plus sérieuses, et
» qu'il s'emploie avec honneur à celles de sa
» profession, on oublie tout ce qu'il a de bon,
» pour dire c'est un joueur de luth, c'est un
» musicien, c'est un poète. »

Mais qui a bu boira, et les eaux de l'Hippo-
crène procurent à l'esprit une douce ivresse, à
laquelle il lui est difficile de renoncer lorsqu'une fois il en a tâté. La Calprenède oublia
bien vite sa résolution, car deux ans plus tard,
il mettait au jour une nouvelle tragédie,
Phalante, qui fut bientôt suivie de deux autres.

Le sujet *d'Edouard* n'est pas très compliqué ;
il y a peu d'intrigues ; tout se passe en longues
et interminables dissertations dont l'amour et
la haine, l'honneur et la trahison, la vertu et
le vice font tous les frais.

« Edouard, roi d'Angleterre, est passionné-
» ment amoureux de la comtesse de Salisbury,
» celle-là même pour laquelle il institua l'ordre
» de la *Jarretière*. La comtesse oppose à la
» passion du roi une vertu à toute épreuve.
» Isabelle, mère d'Edouard, princesse ambi-
» tieuse, et qui craint que la passion de son
» fils ne lui dérobe une partie de l'autorité
» qu'elle a sur lui, engage le duc de Mortimer,
» attaché à son service, à dire au roi que la

» comtesse de Salisbury a dessein d'attenter
» sur sa vie. Edouard croit ce rapport, et en
» effet, il aperçoit un poignard caché dans une
» des manches de la comtesse. Sur cet indice,
» il la fait arrêter. La comtesse se justifie du
» crime qu'on lui impute, en disant que le duc
» de Mortimer est venu l'avertir que le roi
» avait dessein de la déshonorer, et pour
» éviter ce malheur elle s'était munie d'un
» poignard pour s'ôter la vie, au cas
» qu'Edouard voulut exécuter ce dessein. Le
» roi touché de la vertu de la comtesse, prend
» la résolution de l'épouser. Il exile la reine
» et chasse honteusement Mortimer. » (LES
FRÈRES PARFAICT. *Hist. du Théât. fr.*).

Si l'on s'en rapportait au jugement d'un certain poète limousin, natif d'Uzerche, et nommé Grenaille, qui a fait une tragédie intitulée : *L'Innocent malheureux ou la mort de Crispe* (*) l'*Edouard* de La Calprenède, serait non-seulement le meilleur ouvrage de cet auteur, mais encore le chef-d'œuvre des chefs-

(*) Imprimée en 1639, à Paris, chez Jean Paslé, in-4°, avec une longue préface intitulée: « Ouverture générale à toute la pièce, avec un discours sur les poèmes dramatiques de ce temps. »

François Grenaille, sieur de Chateaunière, a écrit plusieurs autres ouvrages aujourd'hui complètement oubliés.

d'œuvre de la scène française. « Notre théâtre » n'a jamais paru plus parfaitement royal, » s'écrie-t-il, plein d'enthousiasme, que le jour où cette pièce y fut jouée. Son admiration n'a point de bornes, il loue le plan de l'œuvre, la conduite, le style et jusqu'aux décors.

Cette apologie du théâtre de La Calprenède en général et d'*Edouard* en particulier, n'était pas tout à fait désintéressée. Grenaille habitait la province, et avait compris que le patronage d'un poète ayant ses entrées à la Cour, ne serait pas inutile au succès de sa tragédie. Or, La Calprenède était un quasi compatriote; Uzerche n'est pas, en effet, très éloigné de Sarlat, c'était donc un protecteur tout naturellement désigné. Voilà le secret des louanges prodiguées par Grenaille à ce poète dans la préface de son *Crispe*, qu'il fit imprimer quelques mois à peine après la première représentation d'*Edouard*, lorsque cette dernière pièce était dans toute sa nouveauté, n'ayant pas encore paru en librairie. Il prenait ainsi les devants sur tous ceux qui auraient été portés à en dire du bien, et cet empressement lui paraissait devoir flatter énormément l'auteur, conquérir ses bonnes grâces et le disposer à lui accorder ses bons offices.

La camaraderie littéraire n'est pas une nouveauté née d'hier.

Veut-on maintenant un échantillon des jolies choses devant lesquelles s'extasie plus ou moins sincèrement le sieur Grenaille? Edouard, quoique convaincu de la culpabilité de la comtesse de Salisbury, hésite cependant à livrer au bourreau la tête de cette femme aimée. Un combat se livre dans son cœur entre l'amour, qui lui conseillle le pardon et la raison d'état qui veut que le crime de la comtesse ne reste pas impuni. C'est pour lui l'occasion d'un long monologue, qui n'a pas moins de cent dix vers, presque autant que celui de Charles-Quint dans *Hernani,* où il traduit ses poignantes hésitations en *pointes* comme celles-ci :

> Pour le bien du Royaume, il faut qu'elle périsse,
> Et le rang que je tiens m'oblige à la justice.
> Cet état a mêlé son intérêt au mien,
> Elle voulait mon sang, il demande le sien,
> Et criant que son crime est indigne de grâce,
> Il attend qu'elle meure et qu'on le satisfasse.
> Mon peuple, arrêtez-vous ! et pour me témoigner
> Qu'encor sur vos esprits vous me laissez régner,
> Et que j'ai conservé cette entière puissance,
> Qui m'a rendu si grand par votre obéissance,
> Craignez dans votre amour de me désobliger,
> Et si vous embrassez le soin de me venger,

Pour vous en acquitter sans reproche et sans blâme,
Cherchez cette infidèle au milieu de mon âme,
Percez ce lâche cœur, adressez-y vos coups,
Ils seront tous mortels, ils la blesseront tous,
C'est là qu'elle demeure, et que votre justice
Doit porter sa vengeance et mon dernier supplice !

Ainsi que Grenaille le constate : « les saillies,
» dans cette tragédie, surpassent les paroles,
» les mystères ne se peuvent pas exprimer. »
Comme La Calprenède a dû se donner de
mal pour être aussi subtil et aussi peu naturel !

VIII. — PHALANTE.

Tragédie (1641).

Éleine, reine de Corinthe, a autant
d'aversion pour Philoxène, fils du
prince Timandre, que d'amour pour
Phalante, prince étranger. Tout l'intérêt de la
pièce roule sur la délicatesse de ce dernier,
qui sacrifie les sentiments de son cœur à ceux
de l'amitié qui le lie à Philoxène. Au lieu de
répondre aux empressements de la princesse,
il ne lui parle qu'en faveur de son ami. Ses
soins ne servent qu'à redoubler l'aversion de
la reine, et exciter très-injustement la jalousie
de Philoxène, qui, sans vouloir écouter aucune
justification, force son rival à mettre l'épée à
la main, sur laquelle il se jette avec tant de
fureur qu'il s'en blesse mortellement. Il recon-

naît enfin son erreur, et meurt pénétré de
son aveuglement. D'un autre côté, les froideurs
affectées de Phalante, jettent la reine dans un
tel désespoir qu'elle s'empoisonne pour terminer une vie importune. Elle vient en cet état
se présenter au yeux de son cruel amant. La
vue de la princesse expirante lui cause de
pressants remords; il se reproche sa faiblesse
qui l'a engagé à entretenir l'infructueux amour
de son ami, et empêché de profiter de celui
d'une reine adorable, et, cédant à l'excès de sa
douleur, il se frappe, et tombe aux pieds de
son amante, qui ne tarde pas à le suivre.

Au reste, la versification de cette tragédie
est bien faible. Le plan est, à la vérité, d'une
grande simplicité, mais il n'en est pas plus
heureux. Le principal personnage est peu
propre à être goûté au théâtre. Peut-on conce-
voir qu'une personne qui préfère son ami à
sa maîtresse, soit effectivement amoureux ?
C'est une espèce d'héroïsme trop extraordinaire
et trop peu vraisemblable. »

(LES FRÈRES PARFAICT. — *Histoire du
théâtre français).*

IX. — HERMÉNIGILDE.

Tragédie en prose (1643).

Herménigilde, fils de Lévigilde, roi d'Espagne, assiégé dans Séville, où il s'est retiré pour fuir les cruelles persécutions de Goisinthe, sa belle-mère, se rend enfin, sur les instances d'Indégonde, sa femme, et la promesse que lui fait Recarède, que ses jours sont en sûreté. A peine ce prince s'est-il soumis à la volonté de Lévigilde, que ce faible roi, qui n'agit que par les conseils de cette cruelle marâtre, le fait arrêter. Recarède, au désespoir d'être cause du malheur de son frère, réclame la foi du traité dont il a porté la parole. Le roi, pressé de tous côtés, consent enfin à faire grâce à Herménigilde, mais c'est à condition qu'il renoncera à la foi catholique. Cette condition empêche qu'il en puisse profiter. Indégonde l'exhorte à ne pas abandonner sa religion et à porter avec fermeté sa tête sur l'échafaud. Voilà le sujet de cette tragédie assez passable du côté de la conduite et des règles, mais languissante et sans art. »

(LES FRÈRES PARFAICT. — *Histoire du théâtre français*).

Herménigilde n'est pas le premier essai de tragédie en prose qu'on ait tenté sur la scène française. Aucun d'eux n'a réussi, moins par défaut de talent chez les auteurs qui s'y sont essayés, que parce que la versification est indispensable au poème tragique. La prose, qui convient parfaitement à la comédie, et dont s'accommode si bien le drame moderne, rend mal les sentiments élevés qui animent les personnages de la tragédie. La tragédie ne fait parler en effet que des héros, soit dans le crime, soit dans la vertu.

Cette question littéraire a été maintefois débattue. Il existe une comédie intitulée : *La tragédie en prose ou la tragédie extravagante*, par du Castre d'Auvigny, qui a été jouée en 1730 ; c'est une critique de l'usage de la prose dans la tragédie.

Un sieur de Montauban, s'étant imaginé

qu'il ne manquait à la pièce de La Calprenède que d'être en vers pour réussir, lui fit subir cette transformation, puis la remit au théâtre en 1653, avec un nouveau titre et quelques légers changements, mais il ne fut pas plus heureux que son devancier, et malgré la galanterie du public français, la chute d'*Indégonde* égala celle d'*Herménigilde*.

X. — BÉLISAIRE.

Tragi-comédie (1659).

Bélisaire n'a pas été imprimé : Loret *(Muse historique, du 12 juillet 1659),* en fait le compte-rendu suivant, fort élogieux quoique bref :

> Pour voir en tragi-comédie,
> Une pièce grave et hardie,
> Dont le sujet soit signalé,
> Extrêmement bien démêlé,
> Et digne de ravir et plaire,
> Il faut voir le grand Bellissaire.
> Que les sieurs acteurs de l'Hôtel (*)
> Tiennent d'un auteur immortel,
> Sçavoir le fameux *Calprenède.*
> Pièce, sans mentir, qui ne cède
> Aux ouvrages les plus parfaits,
> Que depuis dix ans on ait faits :

(*) L'hôtel de Bourgogne.

Pièce, entre les plus mémorables,
Qui contient des vers admirables,
Pièce valant mille écus d'or,
Et dans laquelle Floridor, (*)
Qui de grâce et d'esprit abonde,
A le plus beau rôle du monde.

Peut-être découvrira-t-on quelque jour un manuscrit du *Bélisaire* qui permettra d'apprécier équitablement la pièce; jusque-là il est prudent de n'accepter le jugement de Loret que sous bénéfice d'inventaire, le bon gazetier avait l'admiration si facile !

(*) Célèbre acteur de l'hôtel de Bourgogne; son vrai nom était Josias de Soulas, écuyer, sieur de Prinefosse; il appartenait à une famille noble de la Brie.

CHAPITRE III.

ROMANS.

ers le milieu du XVIIe siècle, on vit tout-à-coup apparaître en France une multitude de romans d'un genre tout particulier, qui n'était peut-être pas entièrement nouveau, mais qui est resté isolé, et n'a pas été imité depuis. Ils ont tous été composés sur des plans à peu près identiques, et dans un même ordre d'idées : le style des uns et des autres, quels qu'en soient les auteurs, porte une empreinte commune, qui leur donne comme un air de famille et en précise la date, de manière à ne pouvoir pas s'y tromper. Parmi les principaux, on cite : La *Cythérée* et le *Polexandre*, de Gomberville, l'*Ariane*, de Desmarets, le *Grand Cyrus* ou *Artamène*

5

et la *Clélie*, de Mademoiselle de Scudéry.
Ceux de La Calprenède sont aussi de ce
nombre ; ils en possèdent tous les caractères
généraux.

Lorsqu'il se rencontre, soit dans une vente
de livres, soit aux étalages des bouquinistes,
un exemplaire de l'un quelconque de ces vieux
romans, revêtu d'une élégante reliure de
l'époque, en maroquin ou en veau, avec de
larges armoiries frappées en or sur les plats, il
est à remarquer que ce sont presque toujours
des armoiries de femmes. Il y a là une preuve
de la faveur qui les accueillit, en leur nouveauté,
dans les rangs de la haute société féminine. Ils
eurent, en effet, l'honneur de figurer parmi les
livres de choix dont les grandes dames d'alors
ornaient leurs bibliothèques particulières.

Certainement, les récits d'aventures romanesques ont toujours eu le plus puissant attrait
pour l'esprit des femmes ; leur imagination,
plus impressionnable que la nôtre, s'y complaît
d'avantage. Mais cette prédilection ne se montra
jamais aussi forte qu'à ce moment-là, et
atteignit chez quelques unes le degré d'une
véritable passion. Non contentes de les lire,
et de les relire, elles en faisaient l'objet d'une
étude assidue, et les apprenaient même par

cœur. Les noms de plusieurs de ces vaillantes lectrices ont été sauvés de l'oubli. Et celui de la femme de la Fontaine brille entre tous : qu'on jette, après cela, la pierre à son mari pour n'avoir pu vivre en bonne intelligence avec elle ! Une femme qui « savait les romans » était tout de suite jugée une personne accomplie. Un écrivain, alors fort écouté, René Bary, dans son *Esprit de cour*, recommande la lecture des romans comme complément d'une « belle éducation. »

Les hommes, sans pousser la chose tout-à-fait aussi loin, consacraient néanmoins à cette lecture, une bonne partie des loisirs que leur laissaient les affaires, et n'y prenaient pas un moins vif plaisir que les femmes.

Si vous ouvrez un de ces volumes aristocratiquement habillés, comme il vient d'être dit plus haut, vous trouverez parfois aux passages les plus pathétiques, une *marque d'eau* que le temps a jaunie. Pourquoi ne serait-ce pas la trace d'une larme, tombée des beaux yeux de celle à qui le livre appartint jadis, *beaux yeux* qui peut-être, *firent mourir d'amour* plus d'un soupirant illustre ?

Laissez aller votre rêverie au cours de cette pensée, donnez libre carrière à votre imagination, et rimez là-dessus, rondeau, ballade, élégie ou sonnet, tant qu'il vous plaira, mais gardez qu'un mouvement de curiosité ne vous pousse à parcourir ces pages touchantes que la belle lectrice d'autrefois mouilla de ses pleurs, car, ô désillusion, non seulement vos yeux demeureront secs, mais un léger sourire viendra bientôt plisser vos lèvres, à moins que l'ennui ne soit par trop fort et ne vous fasse commettre une plus grosse irrévérence. Vous fermerez le livre, tout désenchanté, et ne comprenant rien au goût de nos bons aïeux. Non point qu'il n'y ait des endroits susceptibles d'intéresser un lecteur moderne, mais les beautés devant lesquelles s'extasiaient les contemporains, et dont ils s'éprenaient avec tant de chaleur, ont perdu pour nous tous leurs charmes, et celles qui ont conservé quelques uns de leurs agréments, n'inspirent plus aujourd'hui qu'une admiration très calme.

Cela tient à la différence des temps.

Il s'était formé, à Paris, dès les prem···· années du XVIIe siècle, une société ;·u nombreuse, sous les auspices d'une femme d'un esprit distingué, la marquise de Rambouillet, en vue de combattre le relâchement des mœurs qui s'était introduit à la cour, à la

suite des guerres civiles du siècle précédent.
Cette société, que la marquise réunissait dans
son hôtel et qu'elle présidait elle-même, sous
le nom d'Arthénice, anagramme de son prénom
de Catherine, se proposait, en outre, d'apporter
dans les relations sociales plus de politesse
qu'il n'y en avait eu jusqu'alors, et aussi
d'épurer le langage.

Cette sorte d'académie ou d'aréopage du
bon goût et du bon ton, s'acquit bientôt une
grande autorité. On y décidait souverainement
de tout, en littérature aussi bien qu'en matières
de modes et de belles façons. Ses décisions
eurent pendant longtemps force de loi dans
l'empire littéraire et dans le monde élégant ou
de la *galanterie*, comme on disait alors.

L'hôtel de Rambouillet ne tarda pas à donner
naissance à une foule de réunions, qui le prirent
pour modèle, et qui, se multipliant avec une
étonnante rapidité, se répandirent jusque dans
les provinces les plus éloignées de la capitale.

Les femmes qui fréquentaient en très grand
nombre ces assemblées et qui y exerçaient une
véritable prépondérance, reçurent le nom de
Précieuses. On les appela aussi *Illustres* et
Chères, parce qu'en se parlant entre elles, elles
se disaient à chaque instant *ma chère*.

Mais le nom de Précieuses leur est resté.

On a beaucoup discuté pour savoir si l'influence des Précieuses, qui s'étendit à toute la première moitié du XVIIᵉ siècle et même un peu au-delà, a eu, en définitive, plus de bons que de mauvais résultats, sous le double rapport des mœurs et de la littérature. La réponse à la question varie, suivant le point de vue où l'on se place, mais, en ne considérant que les romans qu'elles ont inspirés, et c'est la seule chose à considérer ici, il faut bien convenir que cette influence n'a pas été heureuse. Ces ouvrages qui leur étaient plus spécialement destinés, durent réunir, plus que tous les autres, les conditions du beau idéal tel qu'elles l'avaient conçu. Ce sont donc les produits les plus parfaits et les plus achevés de l'esprit précieux. Il y eut, en effet, un esprit précieux, un air précieux et un langage précieux. Tout cela découlait d'un même principe, le désir immodéré de se distinguer du commun, de se singulariser, au risque de tomber dans le ridicule. Sous prétexte d'ennoblir les sentiments et d'éviter les expressions basses et triviales, le simple et le naturel furent bannis des conversations et des livres.

« On a vu, il n'y a pas longtemps, dit La

» Bruyère, faisant allusion à l'hôtel de Ram-
» bouillet, un cercle de personnes des deux
» sexes liés ensemble par la conversation et
» par un commerce d'esprit. Ils laissaient au
» vulgaire l'art de parler d'une manière intelli-
» gible. Une chose dite entre eux peu clairement
» en entraînait une autre encore plus obscure,
» sur laquelle on enchérissait par de vraies
» énigmes toujours suivies de longs applaudis-
» sements. Par tout ce qu'ils appelaient
» délicatesse, sentiments, finesse d'expression,
» ils étaient enfin parvenus à n'être plus
» entendus et à ne s'entendre pas eux-mêmes.
» Il ne fallait pour servir à ces entretiens ni
» bon sens, ni mémoire, ni la moindre capacité;
» il fallait de l'esprit, non pas du meilleur,
» mais de celui qui est faux et où l'imagination
» a le plus de part. »

Des auteurs exagérèrent ces travers, et écrivirent d'un style excessivement recherché et obscur. Ils n'étaient pas les moins goûtés.

Les sujets dont on s'entretenait dans les réunions précieuses, embrassaient le vaste cercle des connaissances humaines. Les questions de philosophie transcendante et les plus hauts problèmes des sciences n'en étaient pas exclus : on y parlait astronomie, géométrie ou

médecine aussi volontiers que grammaire,
rhétorique ou poésie ; on y causait morale et
chiffons. Mais la grande affaire, qui revenait
sans cesse dans toutes les conversations, quand
elle n'en faisait pas le sujet principal, c'était
l'amour. On reprenait ces thèses d'amour qui
avaient été agitées sous tant de formes par les
poètes du moyen âge, et il s'ensuivait des
discussions interminables, où les assistants,
hommes et femmes, trouvaient toujours de
quoi satisfaire leur irrésistible besoin d'extra-
vaguer. Les plus étranges propositions étaient
mises en avant et soutenues avec un sérieux
imperturbable ; l'assemblée, où dominaient
les femmes d'un âge mûr, vieilles filles pour
la plus part, se prononçait invariablement
pour l'opinion la plus déraisonnable.

L'amour rêvé par les Précieuses était donc
quelque chose de tout à fait irréalisable, et qui
avoisinait de bien près la folie.

Toute cette galanterie raffinée n'avait guère,
à la vérité, d'effets qu'en paroles. Peu d'hommes
étaient disposés à soupirer indéfiniment pour
une belle insensible, avec le seul espoir
d'obtenir, à la longue, pour récompense de
ses peines et de ses soins, un *tendre aveu,*
dont il fallait savoir se contenter, sans exiger

davantage. Car les Précieuses renforcées allaient jusqu'à proscrire le mariage, trouvant qu'un acte fort naturel et très légitime, devenait grossier et indigne d'un esprit élevé, du moment qu'il ne sortait pas des usages de la vie ordinaire. Elles n'en parlaient que par périphrase et avec dédain ; c'était *l'amour fini*, l'*abîme de la liberté*.... Une précieuse ayant appris le mariage d'une de ses amies, disait à une autre amie: « *Ah ! ma chère, je ne sais pas comment notre chère a pu se résoudre à brutaliser avec un homme purement de chair.* » Ce mari là n'était sans doute pas du monde précieux. Les jeunes filles renonçaient assez facilement à ces maximes folles, lorsqu'il se présentait un parti qui leur convenait ; elles se lassaient vite du rôle de *cruelles* auquel le code de la *Préciosité* les condamnait éternellement.

Mais ce « parfait amour » qu'il fallait désespérer de rencontrer dans la réalité, qu'est-ce qui empêchait de le mettre dans les romans ? Le papier est si complaisant ; il souffre tant de choses !

De là tous ces volumes remplis d'aventures héroïques et chevaleresques enfantées par l'amour le plus pur, et par une galanterie honnête jusqu'à la bêtise, entremêlées de

dialogues sans fin et d'interminables dissertations de métaphysique amoureuse, empruntés
aux ruelles des Précieuses, considérablement
augmentés et exagérés, allongés encore d'une
innombrable quantité de petits hors-d'œuvre,
tels que lettres, billets doux, portraits,
madrigaux, sonnets, bouts-rimés, impromptus
et autres colifichets littéraires, travaillés avec
un soin infini dans le dernier goût à la mode
du jour.

Cet énorme fatras fut reçu aux applaudissements unanimes du public. Le monde précieux
qui y voyait la peinture de ses propres sentiments, avec des modèles à copier, en fit ses
délices. Le signal des applaudissements était
parti de l'hôtel de Rambouillet ; la cour, la
ville et la province y répondirent. Ce fut un
succès fou ; on dévorait avec avidité ces
mêmes ouvrages qui nous paraissent aujourd'hui d'une si fade insipidité. Rien n'a
manqué à leur gloire ; ils ont eu plusieurs
éditions, et ont été traduits dans toutes les
langues de l'Europe, absolument comme,
depuis, ceux d'Alexandre Dumas, d'Eugène
Sue et de Balzac.

Qui se fût alors avisé de mêler ses critiques
à ce concert universel de louanges ? Boileau,

lui-même, ainsi que nous l'avons déjà vu, avait subi la séduction du premier moment. Il est juste d'observer qu'il était très jeune en ce temps-là, que son goût n'était pas encore entièrement formé, qu'il ne fut pas long à revenir sur ses premières impressions et que, dès lors, il ne « se donna point de repos » qu'il n'eût fait « un dialogue à la manière de Lucien, » où il attaquait non seulement le peu de solidité de ces compositions romanesques, « mais leurs afféteries précieuses de » langage, leurs conversations vagues et » frivoles, les portraits avantageux faits à » chaque bout de champ de personnes de » très médiocre beauté et quelquefois laides » par excès, et tout ce long verbiage d'amour » qui n'a pas de fin. »

Ces défauts qui ne pouvaient bien longtemps échapper au bon sens de Boileau, avaient pourtant fait la fortune des romans ; c'est par là qu'ils avaient plu tout d'abord et c'est aussi par là qu'ils conservèrent une vogue qui ne tomba définitivement qu'avec le règne des Précieuses, lorsque leur entourage se fut dispersé.

Pour réagir avec plus d'efficacité contre le mauvais goût de l'époque et détourner plus sûrement le public d'une lecture qu'il ne jugeait propre qu'à fausser l'esprit des lecteurs, Boileau ne crut pas devoir apporter de réserves à ses critiques, et il voua, sans restriction, au ridicule, des œuvres qui ne le méritaient qu'en partie. Concéder que l'engouement auquel le public s'était laissé entraîner, n'était pas tout-à-fait injustifiable, c'eût été s'exposer à compromettre le succès de la réforme poursuivie. L'impitoyable satirique ne fit donc aucune concession et il fit bien. Nous n'avons pas à l'en blâmer.

Mais au XVIII° siècle, rien ne commandait plus cette excessive sévérité; il fut permis de s'en départir et de juger équitablement des ouvrages qu'on ne lisait plus depuis bien des années. Il n'y avait alors nul inconvénient à être impartial. Voltaire, le premier, hasarda quelques mots de réhabilitation; il reconnut à ces romans un mérite qui consistait dans des aventures dont l'intrigue n'est pas sans art. C'est là effectivement le seul mérite qu'on ne puisse leur contester, et c'est là aussi ce qui en rend encore aujourd'hui la lecture supportable, attrayante même, dans plus d'un endroit.

Voici le jugement qu'en porte un historien

moderne de notre littérature, M. Demogeot.

Après avoir constaté ce qu'ils ont de ridicule, il continue : « On ne peut méconnaître dans » ces romans une certaine finesse d'analyse, » une touche souvent délicate et ingénieuse. » Considérés comme des tableaux de la société » polie du dix-septième siècle, comme des » témoins de ses sentiments et de son langage, » ils nous présentent un côté plein d'intérêt » et d'instruction. Le tort des auteurs est » d'avoir été chercher pour de pareilles images » des sujets et des noms antiques. Placés » dans des cadres modernes, environnés » d'incidents plus réels, ressérés enfin dans » des limites plus étroites, ces récits auraient » mérité plus d'estime, et conservé quelques » lecteurs. »

Il suffit de connaître tant soit peu l'histoire ancienne pour être choqué de l'y voir travestie d'une aussi étrange façon. Pas le moindre trait de couleur locale. Que la scène soit dans l'Antique Babylonie, en Egypte, à Rome ou sous les tentes des guerriers à demi-sauvages d'un roi visigoth, ostrogoth ou franc, ce sont toujours les mêmes mœurs, les mêmes usages, les mêmes costumes et le même langage. Les noms de lieux et ceux des personnages ont beau varier et être tantôt grecs, tantôt égyptiens, romains, perses, scythes, massagètes ou germains, on ne sort point, pour cela, de Paris, ni même de l'hôtel de Rambouillet. Les héros et les héroïnes sont des grands seigneurs et des grandes dames du XVII° siècle, réglant toutes leurs actions d'après les principes de sentimentalité quintessenciée et de haute galanterie, professés par les habitués du célèbre salon bleu de l'incomparable Arténice. Brutus est peint galant et Caton dameret; Alexandre et Cyrus parlent comme le marquis de Mascarille; César et Pharamond s'expriment comme le vicomte de Jodelet. Horatius Coclès fait des vers amoureux que ne désavoueraient ni Trissotin ni Vadius. Les plus fameux capitaines, sur le point de donner une bataille décisive, s'occupent à entendre l'histoire de *Timarète* ou de *Bérélise,* dont la plus sérieuse aventure est un billet perdu ou un bracelet égaré. Les princesses de la cour de Darius, la reine Cléopâtre, les sévères matrones des premiers siècles de la République romaine et les femmes des chefs des peuplades les plus barbares et les moins civilisées, toutes ces *dames* s'habillent à la mode des Précieuses du faubourg Saint-Germain et du Marais. Elles ont des appartements tout pareils, avec des alcôves, car l'alcôve était la pièce principale de la maison d'une Précieuse. Séparée du restant de la chambre par une balustrade, on y pénétrait en montant un ou deux degrés, à cause de l'exhaussement du plancher. Le lit occupait le milieu. Aussi large que long, il était surmonté d'un dais soutenu de quatre colonnes tournées, au-dessus desquelles s'élevaient des panaches en plumes de diverses couleurs et affectant différentes formes. Les plus riches étoffes étaient employées à la garniture du lit et du dais, et les franges d'or dont toutes ces draperies étaient bordées, en augmentaient encore le prix. L'alcôve se trouvait donc ainsi divisée en deux parties ou *ruelles* : l'une du côté du mur, et l'autre du côté de la balustrade. C'est dans cette dernière qu'on recevait la compagnie ; elle tenait lieu du salon d'aujourd'hui. Il y avait à cet effet des rangées de siéges : fauteuils, chaises, tabourets ou simples pliants.

Une Précieuse devait se mettre au lit à l'heure où sa société habituelle lui rendait visite. Les femmes prenaient place autour d'elle, et ses plus intimes amies s'asseyaient quelquefois même sur son lit ; quant aux hommes, les jeunes, les amoureux, jetaient

leur manteau par terre aux pieds des dames et
se mettaient dessus, tantôt assis, tantôt à
genoux ou couchés. Lorsqu'ils ne causaient
pas, ils se tenaient en muette contemplation
devant l'objet de leur flamme, et s'efforçaient
par leurs regards et les soupirs qu'ils poussaient
même *à haute voix*, cela étant admis, de lui
prouver la violence de leur amour. L'expression *soupirer aux pieds de sa belle* n'avait
donc alors rien de métaphorique. Ceux à qui
l'âge ou la gravité du caractère interdisait ces
manières cavalières, rapportées des camps par
la jeune noblesse, s'accommodaient d'une
chaise ou d'un fauteuil.

Chez chaque femme, les jours de réception,
on rencontrait un personnage revêtu du titre
singulier d'*alcôviste*, qui remplissait auprès
d'elle les fonctions de cavalier servant, l'aidait
à faire les honneurs de sa maison et dirigeait la
conversation.

Sans la connaissance de ces petits détails et
de quelques autres qu'il est superflu de rappeler
ici parce qu'ils sont moins ignorés, maints
passages des auteurs du temps seraient inin-
telligibles.

Un écrivain, avant de livrer son ouvrage à
l'impresssion en faisait la lecture dans les

ruelles. Chacun présentait ses observations ; l'auteur recueillait les avis de tout le monde et, s'il y avait lieu, corrigeait son livre, y opérait les retranchements qu'on lui demandait, ou y introduisait les développements qu'on désirait ; par cette complaisance, il s'assurait l'approbation de ce public d'élite. Après quoi, il n'avait plus rien à redouter, et pouvait, sans crainte, affronter le grand jour de la publicité : trop de gens se trouvaient ainsi intéressés au succès d'une œuvre à laquelle ils avaient en quelque sorte collaboré, pour que cette œuvre manquât de défenseurs

La Calprenède, comme tous ses confrères, lisait ses romans en manuscrits dans les sociétés qu'il fréquentait. Or, il était très répandu. Sarasin le met au nombre des hôtes de Chantilly, où la princesse de Condé, mère du grand Condé, et de la duchesse de Longueville, s'étaient fait une petite cour composée des amis de son fils et des amies de sa fille, avec quelques beaux esprits. C'est dans une lettre en prose et en vers, datée de 1648, où il énumère les divers plaisirs du séjour de Chantilly :

> Conterai-je dans cet écrit
> Les plaisirs innocents que goûte notre esprit ?
> Dirai-je qu'Ablancourt, Calprenèd? et Corneille,
> C'est-à-dire vulgairement
> Les vers, l'histoire, le romant,
> Nous divertissent à merveille
> Et que nos entretiens n'ont rien que de charmant ?

Le *Grand Dictionnaire des Précieuses* de Somaize, le range, sous le nom de *Calpurnius*, parmi les auteurs chers aux Précieuses ; et sa femme *Calpurnie,* y est donnée comme une Précieuse très connue de tout Paris, et dont la ruelle était « des plus fréquentées et des plus fameuses. »

Vivant au milieu de ce monde poli et galant, dont il partageait les idées et les sentiments, et dont il s'étudiait à perfectionner la langue, La Calprenède, doué par la nature d'une imagination brillante, était bien l'homme qu'il fallait pour peindre ce même monde, non point avec la crudité de tons d'un pinceau réaliste, mais comme il voulait l'être, en l'idéalisant jusqu'à l'impossible.

Aussi Palissot a-t-il pu mettre *Cléopatre* et *Cassandre* en parallèle avec les poèmes de l'Arioste. Ménage, avant lui, avait dit que c'étaient de véritables poèmes épiques. Ils ont, en effet, quelque chose de l'épopée : tout y est plus grand que nature, jusqu'aux ridicules. Le nom de *romans héroïques* qu'on leur donne quelquefois leur convient parfaitement.

Avec la naïve sincérité d'un peintre enthousiaste de son sujet, qui, loin de dissimuler ou d'atténuer des défectuosités qu'il ne voit pas, se plaît, au contraire, à les étaler et à leur donner le plus de relief possible, par l'abondance et la minutie des détails et par le vif éclat des couleurs, La Calprenède et Mademoiselle de Scudéry ont peut-être contribué davantage à ruiner les Précieuses dans l'esprit de la postérité, que ne l'ont fait ni Boileau ni Molière. Leurs peintures trop flatteuses, sont souvent plus cruelles que des satires ou des caricatures.

On peut donc retirer de la lecture de ces volumineux ouvrages des enseignements de plus d'un genre.

M. Cousin, par de longues et patientes études sur le *Grand Cyrus,* a été conduit à considérer ce roman comme une « histoire du XVIIe siècle en portraits. » Il a reconnu ou cru reconnaître, sous leurs masques antiques, les véritables personnages que Mlle de Scudéry avait voulu peindre, et nous a dévoilé leurs vrais noms. Au milieu des incidents romanes-

ques, et des fictions allégoriques où ils sont
noyés, il a retrouvé des récits fidèles d'évènements contemporains qu'elle a introduits dans
son livre. Mais les doutes nombreux qui se
sont élevés au sujet de ces découvertes, m'auraient détourné du dessein d'entreprendre de
semblables recherches dans les romans de La
Calprenède, si je l'avais eu. J'aurais encore
été arrêté par l'auteur lui-même, qui prévient
les chercheurs d'allusions qu'ils n'en trouve-
ront pas chez lui. « Ne vous amusez pas, s'il
» vous plait, leur dit-il, à chercher une clef
» dans cet ouvrage, et si on vous demande
» qui est Faramond, répondez que c'est le fils
» de Marcomire, et de même de tous les autres.
» Ce n'est pas que je blâme ceux qui en ont
» usé d'autre sorte, mais si vous regardez
» bien quels sont mes héros, vous trouverez
» peu d'hommes de nos jours qui puissent
» leur ressembler, et sur lesquels je puisse
» avoir jeté les yeux. Quelques-uns de parmi
» eux peuvent avoir une partie des qualités
» qui composent le héros ; mais ils manquent
» sans doute de celles qui ne sont pas les
» moins essentielles, et à peine en connais-je
» un ou deux qui puissent mériter une place
» entre les miens. » (FARAMOND. — *Avis aux
lecteurs.*)

Un terrain sur lequel je suivrai encore moins M. Cousin est celui de la politique. Parce que Mademoiselle de Scudéry a écrit quelques phrases contre la fronde et les frondeurs et quelle a protesté, quelque part, de son sincère attachement à la royauté, ce n'est pas un prétexte suffisant pour faire une profession de foi politique, tout à fait hors de propros. Il n'y a dans le *Cyrus* absolument rien qui autorise des affirmations telles que celles-ci : « Notre pays est à la fois profondément monarchique et profondément libéral ; » « la France est libérale jusqu'à la démocratie ; elle n'est pas le moins du monde républicaine. » Il faut être possédé d'une bien furieuse démangeaison de parler politique, pour placer un dithyrambe en l'honneur de la monarchie constitutionnelle, ce dada des attardés de 1830, dans la préface d'un livre consacré à l'interprétation d'un simple roman, où il n'y a pas un traître mot qui ait un rapport, même éloigné, avec cette espèce de monarchie. Pour moi, j'avoue que je pourrais y travailler pendant de longues années et torturer les textes en mille façons, je serais impuissant à faire sortir des 30 ou 35 tomes dont se compose l'œuvre romanesque de La Calprenède, un seul argument en faveur d'une forme quelconque de gouvernement. Il s'en dégage toutefois une *moralité,* qui, pour n'être guère applicable qu'aux œuvres littéraires, peut cependant être généralisée et étendue à la politique, si l'on veut.

Certes, la société de l'hôtel de Rambouillet était polie autant qu'on la pût désirer, distinguée, instruite, spirituelle, s'il en fut jamais ; elle réunissait tout ce que la France comptait alors de plus élevé par le rang, la naissance, la fortune et les talents. D'où vient donc que les ouvrages éclos sous son influence, auxquels elle prodigua les témoignages de son admiration et promit l'immortalité, après avoir fait illusion pendant un moment, n'ont pas tardé, non seulement à être délaissés du public, mais bafoués, et sont devenus la risée du plus petit écolier ? C'est qu'elle vécut isolée, se forma des sentiments factices et un langage qui n'était compris que d'elle seule, c'est, en un mot, qu'elle ne fut pas assez peuple. Malheur à qui se sépare du peuple ! C'est lui, le vrai public, auquel il faut chercher à plaire, si l'on veut écrire des œuvres durables. Le peuple est ce tout le monde qui a plus d'esprit que Voltaire, plus de bon sens et de goût que toutes les académies, et que toutes les coteries littéraires anciennes et modernes. C'est le grand maître du langage. Montaigne est de cet avis, et Molière, et bien d'autres esprits excellents.

Le cadre des romans de La Calprenède est de la plus grande simplicité. Prenons, par exemple, celui de *Cassandre*. Et comme ils ont tous été coulés dans le même moule, ce sera très suffisant pour se former une idée exacte de la manière de l'auteur.

Aux environs de Babylone, peu de jours après la mort d'Alexandre le Grand, plusieurs personnages de haut rang, et de l'un et de l'autre sexe, se trouvent réunis par l'effet du hasard, à la suite de circonstances diverses qui les ont amenés là. Parmi eux, il en est d'historiques, qui occupèrent des emplois importants dans l'armée du conquérant macédonien, ou qui brillèrent à la cour du roi Darius. D'autres, au contraire, sont purement imaginaires, aucun historien n'en a jamais parlé, et ils ont été créés de toutes pièces par le romancier. Tous ces princes et généraux sont des types parfaits de chevalerie et de galanterie ; toutes ces « princesses » sont des modèles achevés de beauté et de vertu. Des personnes aussi illustres ne peuvent manquer de conce-

voir de l'estime les unes pour les autres, et
de se lier de la plus étroite amité dès qu'elles
ont fait connaissance. Quelques-unes même
n'ont pas besoin de cela ; ce sont d'anciens
amis qui se retrouvent après une longue
séparation et se font mille démonstrations
amicales ; c'est quelquefois aussi un amant
qui revoit sa maîtresse qu'il croyait à jamais
perdue, et alors son contentement devient du
délire ; la dame, elle, modère ses transports,
mais sa satisfaction n'en est pas moins grande.

Chaque personnage, à mesure qu'il entre en
scène, raconte son histoire à ses nouveaux et
à ses anciens amis. Le plus souvent il charge
de ce soin, suivant son sexe, son écuyer ou sa
confidente, qui ne sont dans le livre que pour
ça. C'est la partie véritablement importante
de leurs fonctions. Non seulement il sont
instruits de tous les plus petits détails de la vie
intime de leur maître ou de leur maîtresse,
mais ils savent par cœur tout ce qui s'est
passé dans son esprit, ils connaissent ses plus
secrètes pensées, se rappellent mot à mot toutes
ses conversations, et ont toujours présent à la
mémoire le texte littéral de ses lettres et autres
écrits, quand ils n'en ont pas une copie dans
leur poche. Ces interminables narrations

remplissent près des neuf dixièmes de l'ouvrage.

Par cet artifice, La Calprenède a pu faire
entrer dans son roman toute l'histoire d'A-
lexandre, à laquelle il a mêlé quantité de fables.
Le héros principal, celui qui tient le haut bout,
comme dit Boileau, est un certain prince de
Scythie qui s'appelle Oroondate, dont jamais
on n'entendit parler que là. Longtemps avant
la venue du roi de Macédoine en Asie, il était
tombé éperdument amoureux de Statira, l'une
des filles de Darius. Par ses services, il parvient
à se faire agréer du père, et est sur le point
d'épouser celle qu'il aime, lorqu'Alexandre
vient troubler son bonheur. Le roi de Perse,
vaincu et dépouillé de ses états, est mis à
mort par l'un de ses Satrapes ; sa famille est
prisonnière du vainqueur. Alexandre, pour conquérir l'affection de ses nouveaux sujets et se
les attacher davantage, adopte leurs mœurs et
prend la résolution de se marier avec une
princesse du pays. Il choisit précisément la
fille de Darius, Statira ; celle-ci qui a promis
sa main à Oroondate, avec l'autorisation de
son père, refuse d'abord. Alexandre ne veut
pas lui faire violence, et jette alors son dévolu
sur une parente de Statira, Roxane. Mais les

lois de Perse lui permettant d'avoir plusieurs
femmes, il en revient bientôt à son premier
dessein. Invoquant des considérations politi-
ques impérieuses, la mère de Statira finit par
décider sa fille à contracter ce royal mariage.
Oroondate est au désespoir.

Alexandre mort, Roxane, aidée de Perdiccas,
soudoie des assassins qui égorgent Statira et
sa sœur Parisatis, et jettent leurs corps dans
un puits qu'ils comblent de pierres par dessus.

Le bruit de ce double meurtre se répand
dans toute la Perse et parvient aux oreilles du
prince de Scythie, juste au moment où l'espoir
commençait à renaître dans son cœur.

Jusque-là l'auteur ne s'écarte pas trop de la
vérité historique. Mais un roman ne peut pas
se terminer aussi brusquement, et il faut, de
toute nécessité, que le héros du livre en arrive
heureusement à ses fins et qu'il épouse
l'héroïne. Supposant donc Perdiccas épris
d'une violente passion pour Statira, le romancier lui fait substituer aux deux princesses
deux esclaves condamnées pour crimes de
droit commun.

Statira vit ; mais elle et Perdiccas redoutent
trop le pouvoir de Roxane pour chercher à
détromper l'opinion publique qui la croit

morte ; elle change de nom et prend celui de
Cassandre. Son sauveur ne l'a pas arrachée
des mains de ses bourreaux pour la livrer à son
rival ; il l'entoure de gardes qui ne lui laissent
pas la liberté de ses actions.

C'est ici que commence le roman.

Oroondate est au nombre des princes que
nous venons de voir rassemblés autour de
Babylone. Des témoignages irrécusables lui
apprennent l'existence de Statira, ou de
Cassandre et de sa sœur, et en même temps
l'étroite captivité dans laquelle Perdiccas les
retient injustement. Il n'aspire qu'à les déli-
vrer ; ses compagnons lui offrent le secours de
leurs bras et de leurs armées ; il acccepte.
Mais, avant d'employer la force, on convient
de sommer Perdiccas de rendre la liberté aux
princesses. Perdiccas soutient quelque temps
que les princesses sont bien réellement mortes,
et contraint, à la fin, d'avouer la vérité, il
refuse absolument de livrer ses prisonnières.
Le siége est mis devant Babylone, la ville
prise d'assaut, et les captives enlevées à leurs
ravisseurs.

Oroondate épouse Cassandre, un autre
prince épouse Parisatis ; tous les amis et amies
du prince des Scythes se marient selon leur
inclination.

Après les fêtes dont tous ces mariages sont l'occasion, cette brillante société se sépare. Chaque couple s'en va de son côté. Oroondate, devenu roi de Scythie par la mort de son père, emmène Cassandre dans son royaume, où ils vécurent heureux et adorés de leurs sujets, jusque dans un âge fort avancé. La Calprenède ne nous dit pas s'ils eurent beaucoup d'enfants.

Tel est, dépouillé de ses accessoires parasites, le fond du roman, qui se réduit ainsi à bien peu de chose : le siége de Babylone, entrepris par Oroondate et ses alliés pour la délivrance de Cassandre. Le reste consiste en récits d'aventures extraordinaires et toutes plus surprenantes les unes que les autres, qui servent à expliquer l'intérêt des assiégeants à entreprendre ce siége, mais qui sont, la plupart, étrangères au sujet de l'ouvrage et tout à fait inutile à son développement. Préoccupé de la nécessité de concilier la règle de l'unité d'action avec la multiplicité des incidents qui l'ont préparée, l'auteur n'a rien trouvé de mieux que de faire connaître ces incidents par le récit qu'en font les acteurs eux-mêmes, sur le lieu de l'action, au moment où elle va s'engager.

La prose de La Calprenède ressemble à sa versification : elle est coulante, facile, trop même, *lâche,* le mot du cardinal de Richelieu est encore ici très juste ; on sent qu'il écrit sans efforts, son style n'est pas, en général, travaillé ; il est assez naturel dans les parties narratives, mais il s'enfle et se boursoufle dans la bouche de ses héros, dès qu'ils se mettent à converser, et il acquiert sous leurs plumes quand ils écrivent, la recherche et l'afféterie si fort prisées à l'hôtel de Rambouillet.

La Calprenède, s'il se fut contenté de marcher sur les traces de Perrault, ou de l'auteur des *Mille et une nuits,* serait certainement devenu un aimable conteur, au lieu d'être un romancier ennuyeux. Ses personnages ne sont pas du tout réjouissants. Les hommes ont continuellement l'épée à la main ; ils ferraillent et se battent sans cesse, sous le plus frivole prétexte ; ils se « tirent » si souvent « du sang » qu'on s'étonne qu'ils en aient encore après cela assez pour vivre. La moitié de leur vie se passe au lit à guérir leurs innombrables blessures, et le reste du temps à soupirer, à se lamenter et à pleurer. Les femmes ne versent pas une moins grande abondance de larmes, et si elles ne bataillent pas aussi fréquemment, car il y a presque toujours parmi elles quelque amazone guerrière, elles n'en courent pas moins la pretentaine à la poursuite d'un galant infidèle qui les fuit, ou traînées de force à la suite d'un infâme ravisseur.

Je ne relèverai pas toutes les inexactitudes historiques, toutes les invraisemblances, toutes les phrases ridicules qui foisonnent dans les romans de La Calprenède. Je renonce également à présenter des analyses détaillées et complètes de ces ouvrages, comme je l'ai fait pour les pièces de théâtre; leur longueur m'effraie. Car je ne puis décemment, et sous peine de mettre mes lecteurs en fuite, les aventurer dans ces espèces de *mers des histoires,* avec la prétention de leur donner du goût à l'exploration d'aussi formidables entassements d'épisodes, enchevêtrés les uns dans les autres, et à peine rattachés entre eux par un lien commun. Je sais trop à quelle rude épreuve ma propre patience a été mise par cette lecture. En l'an de grâce 1875, c'est presque un acte d'héroïsme ! « Quand je songe à cela, écrit Théophile Gautier, que j'ai lu, d'un bout à l'autre, l'*Alaric* ou la *Rome sauvée*, j'en ai la chair de poule ! » Et pourtant ce poème épique de Georges de Scudéry, le frère de Madeleine, n'a que onze mille vers ! Que devrais-je donc dire, moi, qui ai lu, en entier: *Cassandre, Cléopâtre* et *Faramond,* soit trente-quatre volumes in-8° de quatre cents pages chaque, en moyenne, à vingt-cinq lignes environ par page, ou *trois cent quarante mille lignes?* Voilà de quoi se vanter à bon droit! Ce souvenir ne me donne nullement la chair de poule. J'ai rencontré assez de passages agréables, semés par ci par là comme des oasis dans un désert, pour me féliciter d'avoir eu tant de courage. Mais je ne recommencerais pas volontiers.

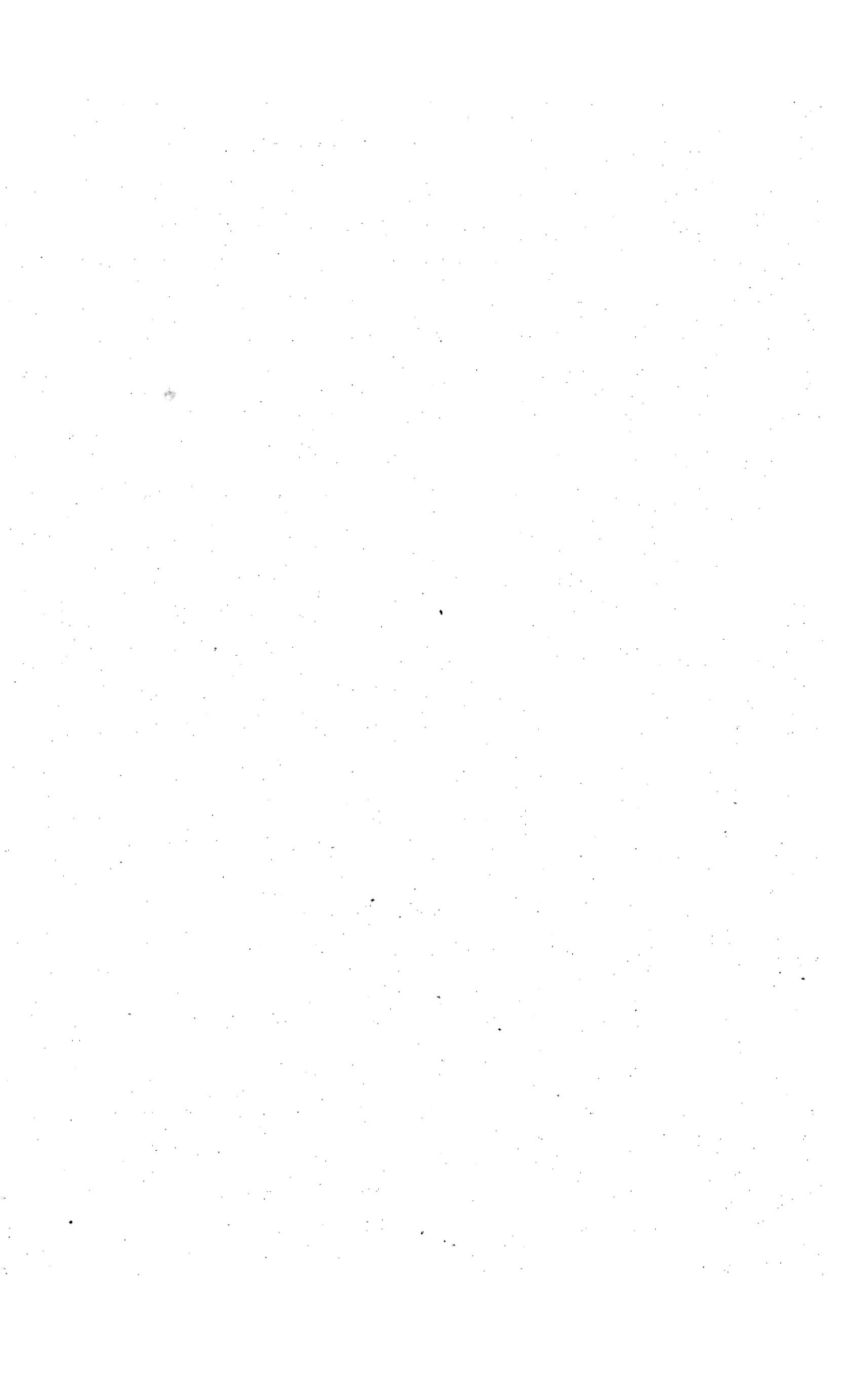

CHAPITRE IV.

LES NOUVELLES OU LES DIVERTISSEMENTS

DE LA PRINCESSE ALCIDIANE,

Par Madame DE LA CALPRENÈDE.

———

adame de La Calprenède n'appartient au Périgord que par son mariage avec l'auteur de *Cassandre* et de *Cléopâtre,* qu'elle épousa en 1648, comme il a été dit au chapitre 1er. Aussi, n'aurions-nous point à nous en occuper autrement si les *Nouvelles de la Princesse Alcidiane* n'étaient généralement attribuées à La Calprenède lui-même. On ne voit pas trop sur quel fondement. Mais puisque c'est une erreur accréditée au point d'avoir trouvé place dans le *Manuel* de Brunet, il n'est pas hors de propos d'en montrer la fausseté. Il me faut, à cet effet,

7

entrer dans des détails biographiques assez circonstanciés, qui me permettront, par la même occasion, de réfuter des calomnies dont on a essayé de noircir la mémoire d'une femme, qui ne fut certes pas irréprochable dans sa conduite, mais qui est tout à fait innocente des crimes qu'on lui a imputés.

Madeleine de Lyée, dame de St-Jean-de-Livet et du Coudray, était veuve pour la seconde fois, lorsqu'elle devint la femme de La Calprenède. Cela ressort des termes mêmes de son contrat de mariage. Mais, selon Tallemant des Réaux, elle avait contracté une première union clandestine, qui ne figure naturellement pas au contrat, avec un hobereau de Normandie, du nom de La Lande, à qui sa tante l'avait mariée par le ministère d'un laquais, déguisé en prêtre. Cette histoire a trop peu d'apparence de raison pour qu'on y ajoute foi. Une tante qui veut marier sa nièce, la marie sérieusement, et si ce n'est que pour favoriser ses débauches, il n'est point besoin de jouer la comédie du mariage. Cependant, Taillemant fait intervenir ce La Lande dans deux circonstances importantes de la vie de Madeleine de Lyée ou de Tonancourt, comme il l'appelle.

Elle avait eu un fils de son premier mari, Bernard de Vieux-Pont; la famille de celui-ci, espérant conserver la succession du père, fit attaquer la légitimité de l'enfant par La Lande qui se prétendait le véritable mari de la mère; il perdit son procès.

Plus tard, Madame de Vieux-Pont, sur le point de se remarier en secondes noces avec Arnoul de Braque, vit reparaître La Lande, qui, cette fois-ci, de son propre mouvement, s'opposait au mariage. Mais de Braque ne tint aucun compte de ses menaces, refusa de se battre en duel avec lui, et épousa la veuve. Il y avait à peine un an et demi qu'il était marié, lorsqu'il fut tué, le soir, en rentrant à son logis, d'un coup de pistolet. La rumeur publique accusa La Lande de ce meurtre.

Madame de Braque était une petite femme étourdie, à l'esprit romanesque, qui, non seulement lisait les romans, mais qui écrivait elle-même en prose et en vers; elle s'éprit d'amour pour La Calprenède, à la lecture de *Cléopâtre*, alors en train de publication.

Comme elle possédait quelque bien, un gentilhomme gascon, qui avait plus de prétentions que d'écus, devait s'empresser de mettre à profit une pareille bonne volonté. La

Calprenède offrit son cœur et son nom qu'on accepta sans se faire prier.

Le nouveau ménage ne fut pas longtemps heureux. Dès les premiers jours, il fallut plaider contre le frère d'Arnoul de Braque qui refusait de payer le douaire de sa belle-sœur. La Calprenède eut gain de cause, mais il s'aperçut bientôt que sa femme dépensait au-delà de ses revenus; il disait à ses amis qu'elle lui coûtait plus d'entretien qu'un régiment de Croates.

La vie commune étant devenue intolérable pour les deux époux, ils demandèrent aux tribunaux une séparation judiciaire, qui leur fut accordée dans le courant de 1659 ou de 1660.

Le *Grand Dictionnaire des Précieuses*, parle de Madame de La Calprenède en ces termes :

« Calpurnie est une Précieuse connue de
» toute la Grèce (Paris). Elle a donné durant
» quelque temps trève à ses écrits pour penser
» aux affaires que lui donnait son divorce avec
» Calpurnius, son mari, dont elle est séparée ;
» mais enfin elle pense plus que jamais à faire
» voir la délicatesse de sa plume, et a déjà
» commencé par les nouvelles qu'elle a données

» depuis peu de jours au public. Sa ruelle a
» été des plus fréquentées et des plus fameuses
» de la petite Athènes (le faubourg Saint-
» Germain), où les Précieuses sont en grande
» vogue et où elle loge. »

Les nouvelles que Madame de La Calprenède venait de donner *depuis peu de jours* au public, sont évidemment les *Nouvelles ou les divertissements de la Princesse Alcidiane*, parues en 1661, chez Charles de Sercy en 1 vol. in-8., la même année que le *Dictionnaire des Précieuses*.

A l'article *Prédictions* de ce dernier ouvrage, on lit encore :

XXXIVe Prédiction :

« Calpurnie mettra un livre de divertisse-
» ment au jour en l'année 1661. »

Jean de la Forge, dans son *Cercle des Femmes savantes*, célèbre les talents d'écrivain et de poète de La Calprenède et de sa femme (ils n'avaient pas encore divorcé) :

> C'est ainsi, que la docte et fameuse Délie
> De cent charmes divers doit paraître embellie,
> Et trouver par les soins d'un admirable époux
> De la prose et des vers les appas les plus doux ;

puis, dans la Clef, il ajoute : « *Délie*, Madame

» de La Calprenède. La beauté de son esprit
» paraît dans ses écrits, où elle a pris la peine
» de faire son portrait elle-même. »

Ce portrait se trouve dans le Recueil de
portraits donné en 1659.

L'Epître dédicatoire des *Nouvelles de la
Princesse Alcidiane*, est signée. *Délie,* nom
sous lequel Madame de La Calprenède était
connue *sur le Parnasse*. On trouve des vers
d'elle dans le recueil de Sercy, et dans d'autres
recueils de la même époque.

Tallemant dit qu'on a imprimé quelque
chose d'elle qui s'appelle le *Décret d'un cœur
amoureux*.

Elle n'en était par conséquent pas à son
premier début. Mais, en 1661, sa séparation
d'avec son mari avait été prononcée par arrêt
du Parlement et, si jusque là les « soins d'un
admirable époux » lui avaient aplani les sen-
tiers de la carrière poétique, cet époux ne
devait plus être alors d'une humeur aussi
galante. Il venait de faire paraître le premier
tome de *Faramond,* et l'*avis au lecteur* débute
par cette allusion à se chagrins domestiques :
« Je n'avais pas cru, dit-il, vous donner encore
» un ouvrage de la nature de celui-ci, et vrai-
» semblablement les cruelles affaires que j'ai

» eues sur les bras, ou plutôt les malheurs
» étranges desquels ma vie a été misérable-
» ment traversée depuis quelques années,
» devaient avoir mûri mon esprit, et dissipé
» une partie de cette humeur encline au plaisir,
» qui dans les premiers feux de la jeunesse et
» une fortune plus tranquille m'a porté à écrire
» des choses peut-être moins solides que
» divertissantes. » Il est peu probable qu'il ait
choisi précisément ce moment-là pour procurer à sa femme la petite gloriole de se voir
imprimée, et il l'est encore moins qu'il ait
voulut lui jouer le mauvais tour de lui faire
attribuer un livre qu'il n'aurait pas osé avouer
comme sien propre. Il était trop gascon pour
s'imaginer qu'une production quelconque,
sortie de son cerveau, pût être autre chose
qu'un chef-d'œuvre, ou approchant.

Du reste, le style des *Nouvelles* n'est plus
du tout celui de ses autres ouvrages ; on sent
en lisant ces dernières, qu'elles ont été écrites
par une plume féminine.

Les livres du mari ont des qualités mêlées
à de nombreux défauts ; ses romans témoignent
de la richesse de son imagination et de la
fécondité de son génie inventif ; le volume qui
porte le nom de la femme est, au contraire,

d'une rare insignifiance; ce n'est même pas mauvais, c'est d'un terne qui échappe à toute appréciation de la critique ; qu'il reste donc à la *docte et fameuse* Délie, puisqu'elle se l'est approprié en le signant !

Gui Patin écrivait à la date du 8 décembre 1668, à un de ses amis : « Les Grands Jours
» d'Auvergne (*) ont fait couper la tête à
» Madame de La Calprenède, qui avait eu en
» sa vie divers maris, accusée d'avoir empoi-
» sonné le dernier qui était un gentilhomme
» gascon qui parlait bien, et qui avait fait des
» romans. »

Les frères Parfaict démentent énergiquement cette plus qu'étrange assertion. (*Histoire du théâtre français,* T. V., p. 150 et suiv. *note.*) « Tout cela est absolument contraire à la vérité, » disent-ils.

On ne trouve, en effet, aucune mention de ce jugement dans l'imprimé des Grands Jours d'Auvergne. La Calprenède, ce « gentilhomme gascon qui parlait bien et avait fait des

<hr>

(*) Assises extraordinaires que les rois de France envoyaient tenir par leurs commissaires ou tenaient eux-mêmes dans les provinces éloignées de la capitale. Les juges étaient tirés des parlements. Les Grands Jours dont il est ici question furent les derniers de la royauté.

romans, » était mort depuis 1663, des suites
d'un malheureux accident dont le hasard seul
était coupable. « D'ailleurs, ajoutent les frères
» Parfaict, on sait, par les registres des enter-
» rements de la parroisse St-Sulpice, à Paris,
» que Madame de La Calprenède qui demeu-
» rait, non en Auvergne, mais en Normandie,
» étant venue à Paris, y mourut, rue de Seine,
» faubourg St-Germain, dans un hôtel garni,
» appelé l'hôtel de Metz; et fut enterrée le 14
» mars 1668, dans l'église des frères de la
» Charité, où elle fut transportée de l'église
» Saint-Sulpice. »

Les journalistes d'aujourd'hui ne sont pas
les inventeurs des *canards* ; les chroniqueurs
d'autrefois leur en eussent remontré, tant il est
vrai que les anciens valaient mieux que nous
en tout, comme dit l'autre: Mais, pour ramas-
ser les faux cancans, les bruits calomnieux,
mis en circulation par la malignité publique,
Gui Patin et Tallemant des Réaux n'ont jamais
rencontré leurs pareils.

APPENDICE

CHOIX DE MORCEAUX TRÈS COURTS

EXTRAITS

Des trois Romans de La Calprenède,

Et accompagnés de quelques Observations

CRITIQUES, HISTORIQUES & LITTÉRAIRES

I.

CASSANDRE.

———

'épître dédicatoire est adressée à une dame de la cour dont La Calprenède se déclare amoureux, et qu'il désigne sous un nom de fantaisie : *Caliste,* (en Grec, *très-belle*). N'ayant point jugé à propos de nous la faire autrement connaître, pourquoi chercherions-nous à pénétrer son secret ? L'intérêt de la découverte ne compenserait assurément pas la peine qu'elle nous donnerait.

STATIRA ENDORMIE.

La princesse était couchée sur le côté, sa tête appuyée sur un de ses bras, et l'autre négligemment étendu sur la cuisse : sa beauté, quoique ses afflictions eussent diminué quelque chose de la vivacité du teint et de l'embompoint, était déjà parvenue à sa perfection, sa gorge était à demi-découverte, et sa manche un peu retroussée faisait paraître une partie d'un bras beaucoup plus blanc que la neige, la noirceur de son habit en rehaussait encore l'éclat, et ses cheveux de la même couleur se jouant par le secours d'un petit vent sur celle de ses joues qui restait à notre vue, découvraient si bien par cette opposition, que l'ivoire et l'ébène ne furent jamais si véritablement assorties ; ses yeux, quoique fermés, avaient laissé le passage libre à quelques larmes, qui coulaient sur sa joue, s'allaient rendre sur sa bouche, où elles bornaient leur course, comme au seul lieu capable d'égaler la beauté de la source d'où elles étaient sorties.

LETTRE D'ALEXANDRE A STATIRA

et

LA RÉPONSE DE LA PRINCESSE.

Alexandre est amoureux de Statira ; mais quoiqu'elle soit sa captive, et qu'il ait tout pouvoir sur elle, il ne veut pas abuser de cette situation. Il tient à gagner son cœur. Statira se rend parfaitement compte de sa position vis à vis du vainqueur de son père, et l'éconduit avec beaucoup de douceur et de déférence, elle rejette les propositions du conquérant macédonien, et conserve fidèlement la promesse qu'elle a faite à Oroondate.

Alexandre à Statira.

« Le vainquer des vôtres se laisse vaincre à vous
» seule, et vous seule pouvez ce que toute l'Asie a
» vainement essayé, je rend les armes, belle princesse,
» et je tire plus de gloire de ma défaite que je n'en ai
» tiré de toutes mes victoires ; mais n'usez point avec
» cruauté de celle que vous avez obtenue avec justice,
» et ne traitez point en ennemi celui qui se déclare
» votre esclave.

» ALEXANDRE. »

Statira à Alexandre.

« La condition où je suis réduite a si peu de rapport
» avec celle que vous me donnez, qu'il m'est malaisé
» que je conserve l'une et l'autre, vous êtes encore
» invaincu et serez toujours invincible, si vous ne l'êtes
» par d'autres armes que les miennes, la fortune de
» notre maison ne m'ayant laissé des yeux que pour
» pleurer sa désolation, ne me permet pas de m'en
» servir à d'autre usage, ni de reconnaître autrement
» que comme mon vainqueur et mon maître celui de
» qui je suis véritablement prisonnière.

» STATIRA. »

Alexandre à Statira.

« Les maximes de l'amour et celle de la guerre, sont
» tellement différentes, que la condition de prisonnière
» de guerre, et celle de maîtresse de mon âme, ne sont
» pas incompatibles, vous ne les conserverez pas long-

» temps ensemble, et vous perdrez bientôt la première
» pour accepter la dernière ; nous en ferons un échange
» et si vous ne dédaignez les vœux d'un roi, qui meurt
» pour vous, je paierai bientôt le prix de votre liberté
» par celle   d'ALEXANDRE. »

Statira à Alexandre.

« C'est pour vous délasser des travaux de la guerre
» que vous vous amusez à l'entretien de vos captives;
» je conserverai toujours ce titre, me reconnaissant
» indigne de celui que mes malheurs ne me permettraient
» pas d'accepter, et je ne désirerai jamais ma liberté
» qu'avec celle des reines (*) et le repos de Darius:
» l'honneur que vous me faites ne me fera point
» oublier mes misères, et n'effacera point de mon
» esprit le souvenir de ce que doit au Grand Alexandre
» l'infortunée   STATIRA. »

COMBAT DE LYSIMAQUE (**)

CONTRE UN LION.

Lysimaque, l'un des généraux d'Alexandre, aime Parisatis, sœur de Statira, qu'Alexandre

(*) Les reines dont parle ici Statira sont la mère et la femme de Darius qui n'était pas encore mort. Elles étaient prisonnières avec elle.

(**) Il ne m'a pas toujours été possible de choisir mes extraits aussi courts que je l'aurais voulu. Il fallait qu'ils renfermassent un génie complet ou un récit entier. Or, La Calprenède est rarement court dans ses narrations, pas plus que dans ses interminables dissertations sur l'amour.

a promise à Stéphestion, de là sa violente
inimitié contre ce dernier, inimitié qui le
pousse à des extrémités telles, que le roi de
Macédoine se voit forcé de le condamner à
mort. Mais il demande en grâce d'être livré
aux bêtes plutôt que de subir un supplice infa-
mant de la main du bourreau. Alexandre le
lui accorde, et ordonne qu'il soit dévoré par
un lion. C'est Lysimaque lui-même qui parle :

Mes commissaires (ses juges) vinrent à ma prison,
suivis d'un grand nombre de gardes, et Pithon ayant
prononcé mon arrêt, me témoigna beaucoup de déplaisir pour mon malheur et pour le sien, qui l'avait contraint de prendre cette charge par le commandement
exprès du roi; ses compagnons me firent les mêmes
discours, et quoique je les connusse pour amis
d'Ephestion, je crois bien qu'ils n'avaient pas pris
cette commission avec joie. J'écoutai ma mortelle
sentence sans changer de visage, et je leur dis d'un ton
assuré : le roi m'oblige de mettre quelque différence
entre moi et de lâches criminels ; allons, Pithon, et
témoignons lui que nous savons braver la mort pour
son service, et la recevoir avec joie, quand elle nous
délivre de ses cruautés et de celles de la destinée. Après
ces paroles, je sortis de la chambre, sans me faire prier,
et marchai sans frayeur au milieu de tous les gardes
par une galerie qui nous menait à une cour destinée
pour le lieu de mon supplice. Je le regardai sans appré-
hension, et quoiqu'il ne me restât plus aucun désir de

vivre, je voulus faire connaître par la dernière action de ma vie qu'Alexandre, en me faisant mourir, ne se défaisait pas du moindre de tous les siens, et que j'avais possible mérité sa protection et son assistance, au lieu du supplice auquel il m'avait condamné. Ce fut ce petit désir de gloire qui me fit tourner vers Peucetas et ses compagnons, et les regardant d'un visage qui semblait leur demander quelque courtoisie : « Le roi, leur dis-je, m'a vu tuer des lions pour la défense de sa fortune, et il sait bien que tandis que j'ai eu des armes, je n'ai craint aucune sorte d'ennemis, mais étant lié comme je suis, je vous servirai d'un spectacle désagréable, et vous me verrez déchirer sans résistance et sans plaisir. Si votre commission ne vous le défend pas, souffrez que j'aie les mains libres, et qu'un de vos gardes me prête seulement ses gantelets ; je ne vous demande ni épée ni javeline ; sans armes, je ne saurais me garantir de la mort, ce n'est pas aussi mon intention, mais celle de vous donner quelque divertissement à la fin de ma vie, et quelque connaissance de la différence qu'il y a de Lisimachus aux personnes du commun. Je ne fais point de difficulté de prononcer à ma mort quelques paroles de vanité que je n'eusse pas proférées dans une autre saison. Ma prière ne me fut pas d'abord accordée comme contrevenant à la charge qu'ils avaient ; mais Peucetas priant ses amis de surseoir à l'exécution jusqu'à son retour, courut au palais, et, se jetant aux pieds du roi, il lui demanda cette grâce pour moi. D'abord elle lui fut refusée, mais enfin le roi fut tellement pressé de ceux qui étaient auprès de lui, que la créance qu'il eut que ma mort était infaillible, quoique je fusse sans liens, lui fit accorder une faveur qu'il crut me devoir être inutile. Dès que Peucetas l'eut obtenue, il revint à nous, et ayant appris à ses compagnons la permission que le roi lui avait donnée, il me fit ôter mes liens, et me donna des gantelets. Je reçus civilement ce présent de lui, et, l'ayant embrassé avec ses compagnons, je vis des larmes sur leurs visages, et descendis gaiement le degré qui me conduisait à cette fatale cour où je devais trouver la fin de ma vie. La porte en fut fermée sur moi, et mes juges, demeurant en la galerie, me virent promener sans crainte, en attendant l'ennemi que l'on m'avait destiné.

On tira d'en haut la porte d'une petite loge où le lion était enfermé, et ce fier animal ne vit pas plus tôt le jour, qu'il sortit de sa tannière, et tournant la tête de tous côtés avec des mugissements terribles, il porta la frayeur dans l'âme même de mes juges et de mes gar.'es ; il s'étendit deux ou trois fois les jambes, et se battant les flancs de deux ou trois coups de queue, il commença de marcher gravement vers le milieu de la cour ; au commencement, il porta les yeux vers la galerie, et, découvrant une proie qu'il ne pouvait aborder, il témoigna sa colère par des rugissements plus épouvantables que les premiers et qui firent croire aux assistants, qu'à peine étaient-ils en sûreté. Mais dès qu'il me vit marcher droit à lui, il abandonna le souvenir de cette proie, et courut à la plus proche et la plus aisée. Ce fut pour lors que les assistants déplorèrent mon malheur et exprimèrent leur déplaisir par un grand cri : Mais avant qu'être abordé par cette furieuse bête, « ô Parisatis, m'écriai-je, reçois cette illustre victime et chéris au moins la mémoire de celui qui préfère la mort à la vie sans Parisatis. » Je n'avais pas achevé ces paroles quand le lion s'élança sur moi avec tant de furie et de promptitude, qu'à peine pus-je éviter cette première rencontre ; je m'en sauvais toutefois, et la moitié d'une de mes manches demeura dans une de ses griffes ; il voulait tourner la tête quand je le saisis par le crin qui lui descendait sur les épaules, et, m'élançant avec assez de force et de légèreté, je sautais sur son dos. Cette charge, qu'il n'avait pas accoutumée, lui fit plier les reins jusqu'à terre, et, connaissant le désordre où je l'avais mis, je lui frappais les jambes de devant des miennes, et le pressai des talons et des genoux avec tant de force, que j'achevais de l'abattre. Ce fut lors qu'il commença de se rouler avec moi, et que nous fîmes une lutte périlleuse dans la quelle je tâchais de conserver toujours mon avantage ; je ne pus, toutefois, éviter que je ne fusse blessé de ses ongles en quelques endroits ; mais, lui voyant la gueule ouverte et écumante de sang et de bave, je lui fourrai la main dedans, le gantelet me garantissait de ses dents, mais non pas de telle sorte qu'il ne le poussât en plusieurs lieux et ne le mît presque en pièces. Cependant je lui pris la langue, et l'ayant tirée hors de sa gueule, je joignis la main gauche à la droite, et, me raidissant des genoux contre la tête du lion, je tirais avec tant de force que je l'arrachais de sa bouche jusques aux plus profondes racines. Le lion perdit toute sa force par la valeur de cette douleur, et, déchargeant le reste de sa rage contre la terre qu'il prenait avec les dents et qu'il arrosait de son sang, il me donna le loisir de lui enfoncer le têt (*) à coup de gantelet :

Lysimaque, vainqueur du lion, est gracié par Alexandre, qui le réconcilie avec Ephes-

(*) Le têt, c'est le crâne ; ce mot ne s'applique ordinairement qu'aux carapaces des tortues et aux coquilles des mollusques.

tion. Il ne s'oppose plus au mariage de Parisatis.

Mais, dans le roman, cette princesse, qui
est veuve, est sauvée en même temps que
Statira, sa sœur, et Lysimaque l'épouse, après
la prise de Babylone, à laquelle il participe à
côté du Grand Oroondate.

DÉFINITION DE L'AMOUR

Ceux qui croient, reprit Arsace, que l'amour est
un désir, n'ont jamais bien connu sa nature, ou l'ont
voulu déguiser pour en couvrir des passions moins
nobles et moins raisonables, et si vous trouvez bon,
Madame, que je vous déclare ma pensée touchant la
définition de l'amour, je prendrai la liberté de vous dire
que j'ai toujours cru que l'amour était une propension
de notre âme, ou un mouvement intérieur qui nous
fait pencher vers un sujet plutôt que vers un autre, et
de cette façon je tiens qu'elle peut être produite par la
première opération de l'entendement seule, sans y
appeler le jugement ni le discours, et que la considérant par abstraction même, et en soi, elle est diffé-
rente du désir, comme la cause de son effet. Ce n'est
pas qu'ensuite de l'amour, le désir ne puisse naître, ou
pour mieux dire que le désir ne naisse de l'amour ;
mais cette production est une marque essentielle de
leur différence, et ce désir, né de l'amour, est véritable-

ment un effet de l'amour, et non pas l'amour même.
Nous aimons un sujet, parce qu'il est beau, et ensuite
nous le désirons parce que nous l'aimons. Avant la
naissance du désir, l'amour avait subsisté sans lui, et
par plusieurs accidents, sans que l'amour s'éteigne, le
désir se peut amortir. Certes, ceux qui confondent ces
deux passions, ôtent à la première une partie de sa
noblesse, et s'en forment une connaissance beaucoup
plus matérielle que sa nature ; l'amour est une passion
toute pure, une passion détachée de toutes pensées de
l'intérêt, et je puis vous protester avec vérité que dans
la mienne je n'ai jamais considéré que la noblesse de
ce que j'aime, sans faire une légère réflexion sur moi-
même.

J'ai dit, en m'appuyant sur la déclaration
de La Calprenède lui-même, qu'il ne fallait
pas chercher dans ses livres d'allusions aux
évènements contemporains, cependant il recon-
naît (TOME V. *Epître à Cassandre)* qu'il a
« dressé le plan du siège de Babylone sur celui
de Gravelines. » Le siège de Gravelines eut
lieu en 1644, et La Calprenède a très bien pu y
assister comme acteur. On pourrait comparer
sa narration romanesque aux relations des
historiens.

CONCLUSION DU ROMAN

Ce fut là (dans le temple de Junon) qu'à la vue de plusieurs milliers de personnes, et à la face des Dieux, les plus grandes personnes de la terre de l'un et l'autre sexe, par les cérémonies ordinaires, se virent liées de liens indissolubles, de liens qui ne furent rompus que par la mort, et qui pendant tout le cours de leur vie, les lièrent d'aussi puissantes étreintes que celles de cette première journée. Ce fut là que, par un si fameux et un si important hyménée, la vertu se vit triomphante de tant de malheurs qui l'avaient inutilement combattue, et qui semblaient ne l'avoir traversée que pour la faire éclater avec plus de pompe et plus de gloire. Ces époux contents et fortunés ayant remis leurs belles épouses entre les mains de leurs conducteurs, les suivirent au palais où l'assemblée était superbe et magnifique. O que cette journée leur fut longue, et qu'ils trouvèrent peu de divertissements dans les jeux, dans les courses et dans les combats que les jeunes princes firent avec beaucoup de pompe pour honorer une action si solennelle : le fils de Polisperchon, Menelaur, et le jeune Illioné s'y signalèrent par leur adresse : mais après une assez longue contestation, le jeune Alexandre emporta le prix. Les danses et la musique succédèrent aux courses et aux combats, et à toutes ces occupations succéda la plus belle et la plus glorieuse de toutes les nuits. Jamais, au jugement d'Oroondate et de ses compagnons, le plus beau jour n'avait eu rien de comparable avec elle, et ceux qui pouvaient être mémorables par le gain des batailles, et par la conquête des empires, étaient obscurs auprès de ces agréables ténèbres qui triomphaient de la lumière avec tant d'avantage. Ce fut pour lors que les plus grandes beautés de la terre furent mises en proie aux passions de leurs impitoyables vainqueurs, et qu'ils se vengèrent des peines qu'elles leur avaient fait souffrir avec des ressentiments que, tout violents qu'ils étaient, elles ne purent raisonnablement désapprouver. Aussi étaient-ils en quelque façon pardonnables, et il était juste que ceux de qui les maux avaient été si longs et si cruels, en tirassent de grandes réparations. Jamais l'amour ne s'était trouvé dans une fête si solennelle pour lui, et dans tous les sacrifices qu'il avait reçus à Paphos ou à Cytère, il n'avait point reçu tant d'honneur qu'il en reçut cette nuit dans Babylone. Mais je crains d'en trop dire, et de sortir du respect et de la modestie avec mes princes qui en sortirent un peu dans cette nuit de licence et de liberté. Ils la trouvèrent sans doute trop courte, et l'on eût possible douté dans quelles occupations ils l'avaient passée, si le lendemain la rougeur qui parut sur les visages de Bérénice, de Talestin et de Déidanice, n'eût donné de grands soupçons à la compagnie. Elles pardonnèrent toutefois à leurs amants les offenses qu'ils leur avaient faites, à l'exemple de leurs compagnes qui les avaient supportées avec plus de modération. Ces premiers feux ne s'éteignirent de longtemps, et l'amour de ces vertueuses personnes était attaché sur de trop bons fondements pour trouver dans la possession aucune matière de se ralentir ; au contraire, elle (*) se rendit plus pressante par une plus grande connaissance des beautés et des qualités qui lui avaient donné naissance, et le temps même, qui ruine tout, n'eut jamais aucun pouvoir sur sa première violence.

Ce morceau, d'un style un peu lourd, a des intentions *Gauloises* que le lecteur saisira aisément. Une petite explication est cependant nécessaire pour celui qui n'a pas lu le roman en entier : les compagnes des princesses Bérénice, Talestin et Déidanis supportèrent *avec plus de modération* les *offenses* de leurs amants dans cette première nuit des noces, parce qu'étant veuves, elles s'étaient déjà trouvées à même de supporter de semblables *offenses*.

Jadis, comme aujourd'hui, lorsqu'un roman avait du succès, le théâtre s'en emparait, et, à défaut de l'auteur, il se trouvait quelque dramaturge pour l'adapter à la scène. Un poète du temps, nommé de Magnon, a tiré de l'ouvrage de La Calprenède une tragi-comédie qui a pour titre : *Le mariage d'Oroondate et de Statira, ou la Conclusion de Cassandre*. Il est difficile d'imaginer quelque chose de plus plat que cette pièce.

(*) La Calprenède fait *Amour* du féminin ; ce substantif était alors des deux genres.

Somaize, dans son *Grand dictionnaire des Précieuses*, article : Prédiction Nᵒ VII, donne ainsi la date de la publication de *Cassandre* :

« En l'an mil six cent quarante-quatre, il
» naîtra une Héroïne *(Cassandre)* qui appren-
» dra aux Précieuses et à leurs alcôvistes à
» bien faire l'amour, et jusque-là que l'on fera
» des chansons pour montrer son pouvoir. »

Lenglet du Fresnoy (*Bibliothèque des romans*) fait paraître *Cassandre* en 1642, et cite les éditions suivantes, toutes en 10 volumes in-8 : *Paris* 1644 ; *Paris* 1648 ; *Paris* 1654 ; *Paris* ou *Troyes* 1660.

Voici ce que dit Brunet :

« *Cassandre, Paris, Antoine de Sommaville*
» *et Augustin Courbé,* 1642-50 ; 10 volumes
» petit in-8. Les volumes de ce roman ont
» été publiés séparément, et réimprimés sous
» différentes dates. L'édition, *jouxte la copie*
» *imprimée à Paris* 1651, 10 tomes en 5 vol.
» in-8, a été vendue 48 fr., vente Solar. Il y en
» a une de *Paris, Montalent* 1731, in-12 en
» 10 volumes.

« Le marquis de Surgère a donné une réduc-
» tion abrégée de l'ouvrage, à *Paris, chez Du*
» *Mesnil* 1753, en 3 volumes in-12.

II.

CLÉOPATRE.

L'épître dédicatoire de *Cléopâtre* est adressée au duc d'Enghien.

« Je n'aurais pas eu la hardiesse, dit l'auteur, d'offrir
» ce divertissement à Votre Altesse, si elle ne m'en eût
» donné l'assurance par le commandement qu'elle me
» fit d'y travailler, ou du moins par le témoignage
» d'un désir qui doit me tenir, et qui me tiendra tou-
» jours lieu d'un commandement très absolu. Il est
» certain, Monseigneur, que j'aurais craint avec raison
» de mêler à mes belles occupations un amusement de
» peu d'importance, si je n'eusse su que mon précédent
» ouvrage doit sa plus grande réputation au bonheur
» qu'il a eu de vous divertir, qu'on vous a vu plusieurs
» fois passer des heures dans la tranchée au volume de
» *Cassandre*, et que vous avez donné à sa lecture une
» partie des nuits qui ont succédé à ces grandes journés
» que vous avez rendues fameuses par vos victoires. »

DÉCLARATION D'AMOUR

DE JULES CÉSAR A CLÉOPATRE.

La princesse (Cléopâtre) lui témoignait (à César) la reconnaissance qu'elle avait de ses bons offices par des paroles pleines de civilité, et ce fut là-dessus qu'il prit l'occasion de lui découvrir ses sentiments, et après l'avoir préparée par ses regards au discours qu'il lui voulait faire : Je n'aurais jamais cru, lui dit-il, recevoir du service que je vous rends la récompense que vous lui donnez, et si vous eussiez été équitable vous n'eussiez point ruiné mon repos, tandis que je travaillais pour le vôtre. Ne vous étonnez point de ce discours, poursuivit-il d'un ton plus sérieux, en procurant votre liberté, j'ai laissé la mienne à vos pieds, et je me suis soumis des premiers à l'empire que je veux vous donner dans l'Egypte. J'eusse fait mes efforts pour me défendre contre vous, comme je me suis défendu contre les ennemis que la fortune m'a suscités, si je n'eusse pas vu qu'ils seraient inutiles contre les vôtres, et si je n'eusse trouvé trop de gloire dans ma défaite pour vous disputer la victoire. Je me rends à vous, belle Cléopâtre, avec cette satisfaction que je me rends au plus beau vainqueur de la terre, et à un vainqueur de qui je puis implorer la bonté sans honte et sans bassesse ; usez de votre victoire comme votre bonté vous le conseillera, et souvenez-vous qu'étant généreuse, comme vous l'êtes, vous n'en devez point abuser.

Il s'agit bien ici de Cléopâtre, reine d'Égypte, qui eut un fils de Jules César, et qui se maria plus tard avec Antoine. Elle se donna la mort, après la bataille d'Actium, en se faisant piquer au bras par un aspic. Mais ce n'est pas elle qui est l'héroïne du roman, c'est sa fille que La Calprenède suppose qu'elle a eu d'Antoine, (*) et qui porte le même nom qu'elle.

Parmi les personnages de ce roman, on remarque celui d'Artaban, dont la fierté est devenue proverbiale. — « Fier comme Artaban. » — Et celui de Juba, qui a fait dire à Boileau :

> Tout à l'humeur gasconne en un auteur gascon,
> Calprenède et Juba parlent du même ton.

Jamais dans un si petit espace Amour n'avait trouvé une plus ample matière d'employer toutes ses puissances, que dans cette maison où Tiridate et ses deux illustres hôtes étaient arrêtés, et à peine dans toute l'étendue de son empire, aurait-il trouvé trois plus nobles esclaves, et sur lesquels il pût établir une plus belle domination. Le Prince Maure, le brave inconnu, et le Prince des Parthes soupiraient à même temps pour objets différents, et comme possible il n'y en avait point pour lors sur la terre de plus dignes de leurs soupirs, il eût été malaisé aussi de choisir entre toutes

(*) L'histoire ne parle pas de cette fille.

les âmes trois âmes plus capables de ces sentiments
passionnés qu'ils pouvaient faire naître dans les esprits
les moins susceptibles des impressions de l'amour. O
que cette nuit, toute aveugle qu'elle était, vit de beaux
feux allumés dans cette petite retraite, et qu'ils eussent
apporté un beau jour, si avec la puissance de brûler ils
eussent eu la faculté d'éclairer.

PORTRAIT D'UNE BELLE DAME.

La plus vive et la plus éclatante blancheur n'était
pas comparable à celle de son teint, et si la tristesse
avait effacé l'incarnat de dessus ses joues, la honte
qu'elle eut de se voir surprise demi-nue, quoique ce
fut par des personnes de son sexe, l'y ramena de telle
sorte qu'il en parut à Candace un mélange que des yeux
plus faibles que les siens n'eussent pu supporter sans
s'éblouir; sa bouche, et pour sa forme et pour sa rougeur, faisait honte aux ouvrages les plus artificieusement
achevés, et aux couleurs les plus éclatantes, et si quelques
petits intervalles de joie y ramenaient le rire que la
douleur en avait chassé depuis quelque temps, elle
s'ouvrait comme l'Orient à la naissance d'un beau jour,
et découvrait des trésors de qui la blancheur rendait le
prix inestimable; tous les traits du visage étaient formés avec une proportion sur laquelle les peintres les
plus sévères eussent fait gloire de prendre leurs plus
beaux modèles; son tour était menu, d'une parfaite
rondeur qui formait presque le parfait ovale, et cet

abrégé de merveilles était éclairé de deux astres plus brillants que toutes les clartés naturelles : comme ils étaient tout célestes, leur couleur était celle du ciel, et leurs mouvements étaient si doux, et dans leur douceur accompagnés d'une vivacité si pénétrante, que l'œil le plus assuré ni les âmes les plus fermes, n'en supportaient point le regard sans une émotion extraordinaire : leur langeur même était plus charmante que l'action la plus vive de tous les autres, et ils n'étaient jamais si abattus, qu'il ne leur restât assez de vigueur pour s'ouvrir le passage dans les cœurs les plus endurcis : ces beaux yeux étaient accompagnés d'une prodigieuse quantité de longs cheveux, desquels la couleur était la plus assortissante à la leur, qu'on eût pu désirer ; leur blond du plus beau cendré n'avait rien d'ardent ni de doré, et leurs fils étaient si déliés qu'ils en étaient imperceptibles : à ces merveilles du visage se joignaient celles de la gorge, des mains et de la taille ; à la gorge et aux mains, la forme et la blancheur disputaient à l'envie à qui étaleraient le plus de prodiges, et si la taille n'était pas si haute que celle de Candace, elle était en revanche beaucoup plus déliée et s'accommodait mieux avec un visage plus menu que celui de la belle reine d'Éthiopie.

DÉLIE EMPOISONNÉE

Philadelphe, prince de Cilicie, aime la princesse Arsinoé, qui vit à la cour du roi son père, sous le nom de Délie, et qui cache à tous les yeux sa véritable qualité. Elle a été admise au nombre des dames qui composent la suite de la princesse Andromide, sœur de Philadelphe. Le roi de Cilicie s'oppose de tout son pouvoir à l'amour de son fils pour une femme qui n'est pas de son rang, et qu'il veut néanmoins épouser. il n'est rien que le roi ne tente pour empêcher ce qu'il croit devoir être une mésalliance. Les violences qu'il emploie dans ce but sont telles que Délie, ayant été victime d'un empoisonnement, Philadelphe en accuse naturellement son père.

J'étais au lit, dit Philadelphe, et c'était à la naissance du jour, lorsqu'un des officiers d'Andromide étant venu à ma chambre, et ayant demandé à parler à moi avec précipitation, me dit que la Princesse l'envoyait à moi pour m'avertir que Délie se mourait, et qu'elle avait été travaillée une partie de la nuit de douleurs si violentes et était pour lors en si mauvais état, qu'il était aisé de connaître que dans son mal il y avait quelque chose d'extraordinaire. A cette nouvelle, surpris et étourdi, comme vous pouvez vous l'imaginer, je m'habillais, sortis de ma chambre et volai chez ma sœur. La première personne que je rencontrai à l'entrée de la chambre de Délie fut sa sœur, qui courut à moi avec de grands cris : Ah! Seigneur, me dit-elle, Délie se meurt, Délie est empoisonnée. Ces paroles ayant redoublé ma confusion, j'entrai dans la chambre tout éperdu. Le lit de Délie était environné de plusieurs personnes, et la princesse ma sœur, intéressée à la santé de cette fille par l'amitié qu'elle avait pour moi et par celle qu'elle lui portait elle-même, n'avait bougé de son chevet depuis le commencement de son mal, et avait fait appeler ses médecins et les miens, par le rapport desquels on avait su que Délie était empoisonnée. Les uns ni les autres n'avaient rien épargné de leurs soins pour la secourir, et on savait assez qu'à sa vie la mienne était attachée, pour ne rien négliger de ce qui pouvait servir à sa conservation ; mais le poison était si violent, et avait déjà produit de si grands effets, que la complexion de Délie, toute vigoureuse qu'elle était, n'y avait pu résister, et dans l'esprit de ceux qui la servaient, il restait alors peu d'espérance pour son salut. Je m'approchai de son lit plus mort que vif, et je la vis en un état qui aurait fendu de pitié, non pas l'âme de Philadelphe, mais celle des tigres les plus cruels, la force du venin avait changé l'admirable blancheur de son visage en une couleur livide et plombée, ses yeux étaient couverts de ténèbres, et ses lèvres sèches et brûlantes, au lieu de leur incarnat ordinaire, étaient couvertes d'une mortelle pâleur. En cet état toutefois elle me parut toute belle, et à mes yeux aucun changement ne pouvait cacher sa naturelle beauté. Elle avait encore la vue assez bonne, et sa raison et sa connaissance étaient demeurées toutes entières. Au bruit que je fis quand je m'approchai de son lit, elle tourna les yeux de mon côté, et m'ayant vu dans un état aussi digne de pitié que le sien : Prince, me dit-elle d'une voix assurée, il faut mourir, et cette coupable Délie avait causé trop de désordre dans votre maison, pour n'en recevoir pas

9

la punition. Ces paroles, plus capables de me donner la mort que les armes de mes plus cruels ennemis, n'eurent point de réponse, et la douleur m'avait saisi avec une puissance si entière, que n'ayant plus de force pour lui résister, je tombai évanoui entre les bras de ceux qui étaient auprès de moi. Délie, toute mourante qu'elle était, s'intéressa dans mon mal, et à ce que j'ai su du depuis, elle témoigna du sentiment pour mon déplaisir, lorsqu'elle n'en avait presque plus pour le sien propre. Par le secours des personnes qui s'y empressèrent, je repris enfin les sentiments, et m'étant traîné d'un pas chancelant au lit de Délie, duquel on m'avait éloigné, je ne la revis pas plustôt, que, me jetant à genoux auprès de son lit, et prenant sa main toute brûlante, sur laquelle j'attachai ma bouche avec plus de liberté que je n'en avais jamais pris auprès d'elle, je lui exprimai ma douleur par des cris et par des sanglots sans pouvoir proférer aucune parole distincte; elle était touchée de pitié à mon action, et après avoir fait inutilement quelque effort pour tirer sa main d'entre les miennes : Seigneur, me dit-elle, il se faut résoudre, et vous devez vous servir de votre courage pour trouver votre consolation dans un mal où vous n'en avez pas de besoin, si vous voulez employer votre raison. Délie ne mérite pas le regret que vous témoignez pour sa perte comme elle n'avait pas mérité votre affection, et par sa mort elle remettra le repos dans votre maison et dans votre esprit, qu'elle en avait innocemment chassé. Je paie à la nature le tribut que nous lui devons, et si on avance ma fin de quelques jours, je ne puis haïr ceux qui me rendent cet office, quand je considère les misères auxqu'elles ma vie a dés exposés, et l'intention qu'ils ont eue de travailler par ma mort au bien de cet état et au vôtre particulier. Pardonnez-leur à mon exemple, si vous m'aimez, et ne sortez point pour une fille infortunée des termes que la nature et votre vertu vous prescrivent. Elle en eût dit davantage si je lui eusse pu permettre, et si je ne l'eusse interrompue en me levant d'auprès d'elle avec transport. Non, Délie, lui dis-je, non, Délie, n'espérez jamais cela de moi, et n'attendez pas une aussi lâche obéissance de celui que vous ne laissez pas en état de reconnaître ce qu'il doit à la nature et à la vertu et à vos volontés. Ils mourront les cruels qui m'arrachent la vie avec une inhumanité et une perfidie sans exemple, et je porterai le trépas dans le sein de mon propre père, si Délie ne m'est conservée. Voilà ma résolution, de laquelle toutes les considérations ne m'ébranleront jamais : je ne demande de vie aux Dieux après vous, que pour son exécution et quand je me serai donné cette réparation à moi-même ; je saurai, Délie, me sacrifier sur ce tombeau auquel je vous traîne malheureusement par l'amour que j'ai pour vous. Après ces paroles, me tournant vers ceux qui s'employaient à sa guérison, et qui lui avaient déjà donné quelques remèdes : Mes amis, leur dis-je, il faut ou guérir Délie ou donner la mort à Philadelphe. Pour la récompense que vous devez espérer de cette action, jetez les yeux sur tout ce qui peut être en mon pouvoir de plus précieux, et si vous ne demandez que la couronne de Cilicie pour le salut de Délie, je vous la promets devant tous les Dieux, dès qu'elle sera en ma possession. Ces hommes, assez affectionnés d'eux-même par l'espérance d'un grand salaire, s'étant animés encore davantage, employèrent toute leur science et tout leur pouvoir pour chasser le venin de ce beau corps, et pour y travailler plus commodément, ils me prièrent de passer pour quelques temps dans la chambre prochaine avec la princesse ma sœur. La tante et la sœur de Délie demeurèrent avec eux pour la servir; et cependant je passai ces cruels moments, ou plutôt ces siècles de tourment, dans un état qui vous serait aussi malaisé de comprendre comme il me serait difficile de vous le représenter. Tous les discours qu'Andromène me pouvait faire, ne trouvaient en moi aucune attention, et je ne pouvai songer que Délie était sur le point de m'être enlevée par une mort étrange, sans m'abandonner à une rage qui ne me pouvait laisser que des résolutions furieuses. Ma sœur, disais-je à la princesse, si Délie meurt vous demeurerez seule en peu de temps de la maison royale de Cilicie, ce père cruel, qui me précipite au tombeau, m'en montrera le chemin lui-même, et du même fer que ma main doit tirer contre ce cœur infortuné, je percerai celui du barbare qui ne m'a donné la vie que pour me faire cruellement mourir. Ces paroles étaient criminelles, et étaient horribles si elles eussent été proférées dans un temps où la raison eût conservé quelque empire sur mon esprit. Mais dans l'état où j'étais, toutes choses étaient pardonnables et j'étais capable sans doute d'exécuter ce que je disais dans le transport qui me possédait. Je faisais ensuite des plaintes qui tiraient des larmes de tous ceux qui les entendaient, et je les interrompais à tous moments pour courir à la porte de la chambre de Délie, demander des nouvelles de sa santé. Parmi ceux qui au bruit de mon affliction s'étaient rendus auprès

de moi, desquels le nombre était assez grand, ayant vu
Adraste de qui l'affection et la vertu m'étaient chères :
Adraste, lui dis-je, avec un visage qui marquait assez
le désordre de mon âme, vous direz au roi que pour
faire périr son fils du genre de mort le plus cruel et
que les plus perfides ennemis pouvaient inventer, il a
trouvé le moyen le plus assuré, que je ne le reconnais
plus comme mon père, mais comme un tigre qui me
déchire les entrailles et m'arrache le cœur, que je
renonce avec horreur et avec détestation à tout ce que
je puis tenir de lui par le sang, et si Délie meurt, il
doit regarder son fils comme un homme qui ne veut
vivre que pour la venger. Adraste et les autres pliaient
les épaules à ce discours, et j'en faisais d'autres ensuite
si pleins de trouble et de marques de mon désespoir,
que les âmes les plus dures en eussent été touchées de
compassion. Enfin, Délie s'affaiblissant et se croyant
arrivée à sa dernière heure, voulut parler à moi, et me
fit appeler. J'entrai dans la chambre, m'approchai de
son lit et, d'un pas faible et mal assuré, et me mis à
genoux auprès d'elle si éperdu et si égaré, qu'à peine
étais-je capable d'écouter ce qu'elle avait à me dire ;
j'y fis toutefois quelque effort, et Délie en faisait aussi
pour m'expliquer ses intentions avec le peu de forces
qui lui étaient restées : Philadelphe, me dit-elle, je
mourrais avec regret si je vous laissais dans la créance
que j'ai été insensible à votre affection, et j'y reconnais
tant de pureté et tant de vertu que toute la mienne ne
me peut défendre la reconnaissance qui vous est due.
Je vous proteste devant ces Dieux desquels la volonté
m'arrache d'auprès de vous, que je vous ai estimé plus
que toutes les personnes du monde, et que si j'eusse été

en pouvoir de vous témoigner des sentiments plus particuliers, et d'accepter les offres que vous m'avez faites, je vous eusse fait perdre l'opinion que vous avez toujours eue de mon ingratitude pour vous : c'est une déclaration que je devais à la vérité, et afin que vous y trouviez quelque satisfaction, je vous en ferai une autre que je dois à votre affection avant de mourir, et dans laquelle vous trouverez possible quelque justification contre les scrupules qu'on vous pourrait faire d'avoir trop abaissé vos pensées. Non, Philadelphe, continua-t-elle avec beaucoup de peine, Délie n'a pas été si indigne de votre affection que le roi votre père se l'est imaginé, et vous ne vous êtes pas tant offensé qu'il puisse rester après ma mort quelque honte à vous et aux vôtres des sentiments que vous avez eus pour moi. Vous m'avez possible rendu sans me connaître ce qui m'était dû en partie, et toute étrangère et toute abandonnée de la fortune que vous me voyez, dans l'extrémité de ma vie où je me sens arrivée, je vous dirai..... à peine put-elle achever ces mots, et, voulant passer outre, elle fut empêchée par des syncopes accompagnées de convulsions si cruelles que je ne doutais plus qu'elle ne fût arrivée à son dernier terme. Je me laissai alors tomber sur son lit, lui embrassant les genoux avec des élancements d'amour, qui à tout moment menaient mon âme sur le bord de mes lèvres, et quand je fus contraint de la quitter pour permettre qu'on la secourût jusqu'à la fin, j'outrageai mon visage, j'arrachai mes cheveux, et fis mille actions si pleines de rage et de désespoir, que les personnes qui m'étaient les plus chères tremblaient et se croyaient mal assurées auprès de moi. Délie, m'écriai-je, Délie, entends-moi,

ou souffre que je te devance au tombeau : tu me peux
m'abandonner sans cruauté, et si je ne devais les restes
de ma vie à ta vengeance, je te payerais le chemin de ce
pas à cette mort qui nous doit être commune. J'étais
en cet état quand on me présenta un homme de la part
du roi qui envoyait savoir de mes nouvelles. A peine
m'empêchai-je d'outrager cet odieux messager, et ayant
été retenu par ceux qui se trouvaient auprès de moi,
le prenant par le bras et le menant auprès du lit de
Délie, d'une façon toute terrible : Regarde, lui dis-je,
regarde l'état où je suis, par celui où tu vois cette innocente victime de la cruauté de ton maître ; dis à ce
barbare, dis à ce monstre qu'il vienne lui-même rassasier
ses yeux de cet agréable spectacle et qu'il recevra une
agréable satisfaction en voyant mourir celui qui de son
fils qu'il fut autrefois, est devenu son plus cruel ennemi.
Seigneur, me répondit cet homme tout étonné et tout
atendri de ce qu'il voyait, vous faites grand tort au roi
votre père de l'accuser de cette cruauté ; non seulement
il proteste devant tous les Dieux qu'il en est très innocent, mais il a solennellement juré que si les coupables
lui pouvaient être connus, il les ferait punir sans aucune
considération. Je ne fis pas de réponse à ces paroles,
et à peine leur prêtai-je quelque attention, étant de telle
sorte attaché à Délie, en qui la nature faisait alors ses
plus grands efforts, que je n'étais plus capable d'aucun
raisonnement. La princesse ma sœur et ceux qui
m'étaient les plus affectionnés m'avaient à toute force
traîné dans la chambre prochaine, et j'y avais demeuré
plus d'une heure dans les transports et dans les impa-
tiences que vous pouvez vous imaginer, n'ayant plus
que la mort devant les yeux dans toutes les images

les plus horribles, lorsque, par une grâce du ciel que je
n'attendais plus, ma fortune commença de se changer;
et un homme de ceux qui étaient occupés à servir Délie,
entrant dans la chambre avec précipitation : courage,
Seigneur, me dit-il, Délie se peut sauver. Je fis un cri
à ce discours qui témoigna le grand effet qu'il avait
fait sur mon esprit, et courant à la porte de la chambre
comme un insensé, j'appris, qu'après de grands efforts,
Délie avait commencé de vomir le venin, et que par
la vertu des remèdes qu'on lui avait donnés, on espé-
rait qu'elle le chasserait bientôt tout entier. Le succès
fut conforme aux espérances, et pour ne vous retenir
pas plus longtemps en ce fâcheux endroit, je vous
dirai que peu de temps après, Délie ayant mis dehors
tout le poison, se trouva en si bon état que les médecins
m'assurèrent de sa vie. Certes, jamais la grâce du Prince
ne fut si douce aux criminels qui voient déjà le funeste
appareil de leur trépas, que le fut à mon esprit l'assurance qu'on me donna du salut de ma Délie, et ceux
de qui je la reçus en reçurent des marques, qui, pour
le reste de leurs jours, les ont mis en état de se souvenir
de ma reconnaissance. Délie se vit remise en un état
assez tranquille, ces violentes douleurs desquelles elle
avait été travaillée cessèrent peu à peu ; ses yeux repri-
rent une partie de leurs clartés accoutumées, cette
couleur plombée de laquelle son beau visage avait été
couvert, se dissipa, et si d'abord elle ne reprit ses
beautés entières, du moins toutes les marques du trépas
en disparurent, et nous vîmes un changement en elle
qui chassa toutes nos appréhensions.

Dans un endroit de son roman, La Calprenède met en scène Virgile et Ovide.

Dès que les princesses furent en état d'être vues,
Agrippe et Cornélius, après leur en avoir demandé la
permission, leur vinrent donner le bonjour, et menè-
rent avec eux deux hommes qu'ils voulurent leur
présenter, et leur faire connaître pour l'excellence
de leur esprit, et la réputation qu'ils avaient acquise
par toute l'étendue de l'empire romain. C'étaient
Virgile et Ovide, deux hommes rares et fameux, et que
la postérité a assez connus par la beauté de leurs écrits.

Sans respecter la vérité historique plus que
Mademoiselle de Scudéry, La Calprenède a
pu, avec un peu plus de vraisemblance,
« peindre Ovide galant et dameret. »

Ovide était un homme bien différent de Virgile et
quoiqu'il eût à la poésie autant d'inclination, et plus
de facilité que lui et que tous les hommes qui s'en sont
jamais mêlés, et qu'il mît souvent au jour des productions de son esprit toutes belles et toutes merveilleuses,
il s'attachait toutefois à la pensée comme à un divertissement et non pas comme à son occupation principale,
ou plutôt il s'en servait comme du meilleur interprète
qu'il pouvait donner à ses pensées amoureuses, dans
lesquelles il avait passé la meilleure partie de ses jours.
Comme personne n'a jamais traité l'amour mieux que lui,
possible aussi que jamais renommée ne l'avait mieux res-
senti, et on n'ignorait pas qu'il avait eu de très bonnes
fortunes, et que les plus élevées entre les dames romai-

nes n'avaient pas été insensibles à ses affections. Il
avait aussi, outre l'adresse et les chances de son esprit,
contre lesquels il était malaisé de se défendre, toutes
les qualités qui peuvent faire aimer et rendre une
personne estimable. Il était chevalier romain, d'une
naissance illustre, et qui lui donnait un rang entre les
plus élevés. Il avait passé sa vie dans la cour, et dans
plusieurs rencontres, il avait donné des preuves de son
courage qui lui avait acquit l'estime de César, d'A-
grippa et de tous les hommes de guerre, autant que la
beauté de son esprit lui avait donné l'approbation
générale, et particulièrement celle des dames, parmi
lesquelles il était caressé, recherché et favorisé.

On lit dans le *Grand dictionnaire des Précieuses*, de Somaize, article PRÉDICTION n° VIII.
« Ensuite le même auteur (La Calprenède)
» donnera la belle Egyptienne (Cléôpâtre) et
» dans la septième année de son âge (le tome
» VII), elle attirera les yeux de tout le monde
» sur elle; mais la fin ne sera pas si heureuse,
» et, les deux dernières années de son règne
» (les tomes XI et XII) son pouvoir s'affai-
» blira. »
Lenglet du Fresnoy cite les éditions suivantes
de *Cléopâtre* : *Paris, 1647*, de *Hollande* 1648;
Paris, 1656 ; *Paris*, 1662; toutes in-8° et en
12 volumes.

Brunet mentionne celles de *Paris, Guillaume de Luynes*, 1647-58; *Paris, Joly* 1663, 12 vol. pet. in-8°, *Leyde, Jean Sambix* 1648 ou 1653, 12 volumes petit in-8°.

« Depuis quelques années, on est revenu,
» dit-il, à ce long roman qui, après avoir eu le
» plus grand succès dans sa nouveauté, était
» presque entièrement négligé; il a paru suc-
» cessivement de 1647 à 1658, et les premiers
» volumes ont été réimprimés en 1652 et
» depuis. »

Le même bibliographe donne le prix de quelques adjudications de ce roman: Vente Pixérécourt, 44 francs, reliure en vélin; Vente Renouard, 53 francs; Vente Chénier, 59 francs, reliure maroquin bleu; Vente La Bedoyère, 171 francs, reliure en maroquin citron; Vente Busche, 120 francs.

Un exemplaire relié en maroquin citron, aux armes de la duchesse de Grammont-Choi-seuil, n'a été vendu que 32 francs; (Vente Radziwil.) J'en possède un *(Paris, Guillaume de Luynes* 1663; 12 volumes in-8°, avec fron-tispice gravé) reliure en veau brun aux armes du comte d'Hoym et qui m'a couté 30 francs.

On a deux abrégés de la *Cléopâtre,* le premier, par J. C. *Paris, El. Joly* 1668, en 3 volumes in-12, et le second par M. Benoist, *Paris* 1789, aussi en 3 volumes in-12. Il existe une traduction italienne du même roman, par Majolino Bisaccioni, *Vevétia, Geo. Batt. Indrich,* 1697, 6 volumes in-12, *(Brunet)* Lenglet du Fresnoy, nomme le traducteur Marolino Basaccioni, et donne la date de 1672.

Voici une critique piquante des interminables dissertations sur l'amour qu'on trouve dans *Cléopâtre* et dans tous les ouvrages du même genre; elle est d'une grande dame de l'époque, et est rapportée par Saint Evremont en ces termes :

« Une femme de qualité, espagnole, lisait,
» il n'y a pas longtemps, le roman de *Cléopâ-*
» *tre ;* et comme après un long récit d'avantu-
» res, elles est tombée sur une conversation
» délicate d'un amant et d'une amante égale-
» ment passionnés : « que d'esprit mal employé,
» dit-elle, à quoi bon tous ces discours, quand
» ils sont ensemble. » C'est la plus belle
» réflexion que j'aie ouï faire de ma vie, ajoute
» Saint Evremont.

III.

FARAMOND.

Dans *Faramond,* l'histoire des commence-
ments de la monarchie française, est traitée de
la même façon que l'histoire d'Alexandre dans
Cassandre, et que l'histoire de Rome au siècle
d'Auguste, dans *Cléopâtre ;* ce qui n'empêche
pas La Calprenède de réclamer contre le nom
de roman donné à cet ouvrage.

Faramond est dédié *au Roy.*

PRÉDICTION DE MÉLUSINE.

Faramond n'avait pas encore huit ans, lorsqu'une
femme extraordinaire et de laquelle on publiait des
merveilles, passa par la Franconie pour aller dans les
Gaules, où on dit qu'elle s'est retirée du depuis : on la
nommait vulgairement l'Altorune, plusieurs l'appe-

laient Mélusine ; et parce qu'avec la connaissance de toutes les sciences, elle avait le don de prédire l'avenir, ainsi qu'on l'avait éprouvé par plusieurs expériences, tout le monde courait à elle pour la consulter et on recevait toutes ses réponses pour des oracles infaillibles. Marcomire, en qui l'amour paternel occupait toutes ses pensées, quoique d'ailleurs peu attaché à ces sortes de superstitions, voulut voir cette femme merveilleuse, et l'entendre parler sur la destinée de ses enfants.

L'Altorune vit le roi et les trois petits princes que le roi lui amena, dans une maison solitaire, ou elle passa quelques jours ; mais, quoiqu'il y eût peut-être en chacun d'eux de quoi arrêter ses pensées, elle s'adressa au seul Faramond, et après l'avoir regardé quelque temps avec une attention beaucoup plus grande que celle qu'elle avait accoutumé d'avoir pour toutes les autres personnes : O ! enfant chéri du ciel, s'écria-t-elle, que ta destinée est belle ! et que ta destinée serait heureuse si ton cœur était insensible ; quelle gloire doit couronner ses jours ! et quelles souffrances doivent persécuter ta belle vie. Elle s'arrêta à ces mots pour le regarder avec un attachement encore plus grand que le premier, et, peu après, reprenant la parole, avec une action accompagnée de transport : Va, jeune lion, poursuivit-elle, va combattre l'aigle ravissant qui occupe ton gîte royal, passe le Rhin, venge le sang des tiens, et rentre dans l'héritage de tes pères (*) ; la terre tremblera sous les pieds de tes soldats, la gloire et la victoire

(*) La Calprenède fait allusion à une tradition qui représente les princes francs de la famille de Faramond, comme les descendants d'anciens rois Gaulois, chassés de leur pays par les romains.

t'accompagneront partout, et ta postérité régnera jusqu'aux derniers siècles sur la plus belle partie de l'univers. Quelle postérité, ajouta-t-elle après, d'un ton de voix plus extraordinaire! quels rois et quels princes parmi tes neveux et parmi tes successeurs! quelle gloire au pays de ma naissance! Quelle gloire aux rois de Seine, de Loire et de Garonne! et quelle gloire à l'Océan même, qui depuis les bords du Rhin, jusque dans son sein, verra soumettre tous les peuples à leur empire.

PORTRAIT DE FARAMOND.

Je ne vous dirai rien de la personne de Faramond, et vous l'avez déjà assez vu pour avoir remarqué avec le reste des hommes, qu'en bonne mine, noblesse de port et royale majesté, peut être aucun homme ne l'a jamais surpassé. Vous pouvez avoir remarqué aussi dans la conversation que vous avez eue ensemble, qu'il l'a toute charmante, tant pour la vivacité et la délicatesse de son esprit, accompagné de la connaissance parfaite de toutes les belles sciences, que par une douceur qui lui est toute particulière et une complaisance, qui sans avoir rien d'affecté, ni de trop flatteur, donnent à ceux qui parlent à lui des facilités qu'ils ne peuvent trouver ailleurs que dans son entretien. Cette même douceur l'accompagne dans toutes les actions de sa vie, quoique possible dans les occasions où la fierté est nécessaire, on n'ait jamais vu d'homme plus fier que

lui. Toutes ses inclinations sont tellement portées à la
vertu, qu'aucune considération ni aucune passion ne
l'en peut détourner, et dans quelques extrémités où sa
mauvaise fortune l'ait pu jeter, il n'a jamais laissé
passer aucune occasion de faire du bien sans l'embras-
ser au péril de sa vie, et de tout ce qui lui pouvait
être de plus précieux. Sa clémence, ou envers les vain-
cus dans les combats, ou envers des ennemis de qui il
peut avoir reçu des injures particulières, n'eût peut-
être jamais d'exemple; et on peut dire véritablement
de lui, que d'aucune manière, il n'a jamais goûté ce
plaisir que tant d'autres se proposent dans la vengeance.
Sa libéralité va au-delà de toutes les bornes qu'on lui
peut donner, et il est si magnifique et si excessif dans
ses présents, que si ses amis et ceux qui vivent auprès
de lui, n'avaient beaucoup plus de soins que lui-même
de maintenir sa grandeur et sa dignité, il se serait cent
fois jeté dans l'extrême pauvreté pour les enrichir. Sa
parole est inviolable dans les moindres choses, comme
dans celles de grande importance; et on dit que ce n'est
pas sans mystère qu'en naissant on lui imposa un nom,
qui, en langue Germanique, veut dirent bouche de
vérité; sa modestie ne peut souffrir les louanges les
plus légitimes, et il a une équité si exacte en toutes
choses, qu'il ne peut souffrir le moindre effet d'injustice.
Ni les prospérités ne le peuvent élever, ni la mauvaise
fortune ne le peut abattre; et comme il n'y a rien de si
modeste et de si modéré que lui dans ses bons succès,
on peut dire que son âme ne paraît jamais si grande
que dans ses plus grandes infortunes. C'est dans ces
occasions que son courage est admirable, et je dirais
qu'il est invincible, s'il avait mieux résisté à l'amour,

et à ses funestes effets, qui causent tous les malheurs
de sa vie et en traversent le beau cours par les horribles
désastres où ils l'ont précipité. Il serait naturellement
assez gai, mais gai sans excès et sans emportement, si
ses malheurs n'avaient changé son humeur, et dans
cette langueur, qui l'accompagne depuis quelque temps,
ceux qui le pratiquent trouvent quelque chose de plus
charmant et de plus agréable que dans la conversation
des hommes les plus enjoués. Aux belles qualités de son
âme que je ne saurais assez bien vous dépeindre, est
jointe une vigueur de corps sans pareille, une force
presque surnaturelle et qui est en lui d'autant plus
surprenante que la couleur de son teint et toute la
composition de sa personne, le ferait plutôt juger d'une
complexion délicate que robuste. Mais, en effet, peu
d'hommes supportent mieux que lui toutes sortes de
fatigues, et il s'est trouvé peu d'hommes qui aient pu
souffrir son premier choc dans le combat. A tous les
exercices du corps, tous les maîtres les plus experts
avouent leur ignorance auprès de lui, et comme il n'y
en a point qui mène un cheval avec tant d'adresse que
lui, qui passe une carrière avec tant de vigueur, et qui
rompe une lance de si bonne grâce, il n'y en a point
aussi qui dans toutes sortes de combats à pied, se serve de
toutes sortes d'armes comme lui ; ni qui (s'il est permis
de parler des exercices de la paix, après avoir fait mention de ceux de la guerre,) danse plus agréablement
que lui, joue mieux de tous les instruments pratiqués
entre les Grecs et les Romains, et accompagne mieux
toutes ces grâces par les avantages qu'il a de la musique
et de la peinture. Ses actions ont assez fait connaître
la science qu'il a au métier de la guerre, sans que je

10

vous en fasse mention, et vous en trouverez peut-être
assez dans le discours que j'ai à vous faire, pour ne le
juger pas inférieur aux plus vieux capitaines. Enfin,
je redis en achevant, car peut-être en dis-je trop pour
votre patience, quoique je n'en die pas assez pour la
vérité, que mon prince serait un homme accompli et
serait peut-être un homme admirable, s'il se fût mieux
défendu contre l'amour, et si avec tant de grandes qualités, il eût été moins sensible à cette cruelle passion,
qui le rend le plus infortuné de tous les hommes.

POTRAIT DE ROSEMONDE.

Tout ce que la nature a formé de la plus vive et de la
plus éclatante blancheur perdrait sans doute tout son éclat
auprès du teint de Rosemonde, et ce blanc que la vue peut
à peine supporter, dans les endroits où il doit être relevé
d'une autre couleur, est accompagné avec des sépara-
tions que l'art semblerait y avoir mises, tant la nature
s'y est étudiée, d'un incarnat le plus vif du monde et
le plus doux tout ensemble; celui de la bouche est plus
relevé, et dans le petit espace qu'il couvre, il enferme
cent différentes beautés que l'œil remarque, et que le
discours ni la peinture ne peuvent faire connaître;
mais celle des yeux a sans doute quelque chose de plus
puissant et de moins proportionné à notre imagination,
comme leur couleur est semblable à celle des cieux, il
semble que leur mouvement soit céleste et qu'il n'agisse
pas moins que celui du ciel au salut ou à la ruine des

hommes. Si la joie pour quelques moments leur ramène leur sérénité naturelle, ils lancent un jour plus beau que celui qui nous éclaire; si la douleur les fait languir, ou leur fait répandre des larmes, et dans les pleurs et dans leur langueur, ils ont un charme puissant, qui non seulement porte dans les cœurs les passions qui les font languir ou pleurer, mais qui les y imprime avec tant de violence, que tout le secours de la raison est inutile pour les en défendre, et s'ils s'allument de courroux, (comme nous avons trop éprouvé que le courroux les peut allumer,) les éclairs et les feux du ciel sont moins redoutables que les leurs, et la seule insensibilité peut donner du courage dans cette occasion. Mais quelque sereins, quelque langissants et quelque irrités qu'ils paraissent, ils sont toujours également adorables, et dans leur état ordinaire, ils ont un feu perçant que l'œil humain peut à peine supporter, et au travers de leur naturelle fierté, une douceur insinuante, qui trouble la raison et pénètre les endroits d'une âme les plus cachés. Tous les traits du visage sont formés avec la plus juste, la plus régulière et la plus délicate proportion, et les cheveux qui l'accompagnent ont une couleur cendrée plus douce que celle des muses, plus vive que celle des blondes, et incomparablemer : plus belle que celle des unes et des autres. Cette belle tête est plantée sur un col duquel rien ne peut égaler la forme admirable ni l'éblouissante blancheur, si l'une et l'autre ne se rencontrent dans une perfection encore plus achevée, s'il est possible, dans la composition de sa belle gorge, et de celle de ses mains. Celles de parmi les dames à qui l'envie a voulu faire chercher quelque défaut en la beauté de Rosemonde, ont dit qu'elle était trop grande ; et il est certain que sa taille est autant élevée au-dessus de celle du commun des femmes, que celle de Faramond l'est au-dessus de celle du commun des hommes. Mais peu de personnes ont été de leur opinion, et au lieu de regarder cet excès qu'elles trouvent en la taille de Rosemonde comme un défaut, on l'a trouvé nécessaire à la perfection de sa beauté, vu même que cette taille est si droite; si libre et si déliée, son port si noble, sa démarche et toute son action si belle, que la majesté de son visage ne pouvait être accompagnée d'un corps qui le pût mieux assortir, ni la délicatesse d'une beauté la plus régulière du monde, se rencontrer en une même personne, avec une si auguste et royale majesté.

Le souvenir de ces injures était tellement sensible à la désolée Rosemonde, qu'elle n'en pouvait parler sans laisser tomber des larmes de ses beaux yeux, et chaque larme était un coup perçant dans le cœur du prince qui l'écoutait, qui, pour des larmes de cristal qu'elle répandait, en tirait des larmes de sang.

VERS QUE LE FRÈRE DE FARAMOND CHANTE, LA NUIT,
SOUS LES FENÊTRES
DE LA PRINCESSE ALBISINDE DONT IL EST AMOUREUX.

L'astre du jour en reposant sous l'onde,
Dérobe sa lumière au monde.
Mais il laisse aux humains le repos et la paix,
Et le bel astre que j'adore
Dans les bras du sommeil me fait la guerre encore,
Et jouit d'un repos qu'il ne donne jamais.

De nos tourments l'aimable violence
Me fait troubler ce beau silence,
Que le bruit du zéphir n'interrompt qu'à regret,
Pardonnez-moi, belle Climène,
A la clarté du jour je veux cacher ma peine,
Et la nuit seulement doit savoir mon secret.

LE PRINCE VIRIDOMARE

SURPREND LA PRINCESSE POLIXÈNE AU BAIN.

(Il raconte cette aventure à sa sœur.)

J'avais passé cette ville à laquelle depuis peu on a ôté le nom d'Hélénopolis pour lui donner celui de Francfort, et après avoir vu ensuite quelques places voisines du Mein, je suivais un jour les bords du fleuve par un chemin agréable qui me conduisait à un bourg où je devais aller coucher, lorsque je me trouvai vis-à-vis d'une petite île qui est dans ce fleuve, éloigné de toute sorte de lieux habités de plusieurs lieues de chemin. D'abord ce qui parut de sa beauté arrêta ma vue, et il me parut d'autant plus facilement, que l'île n'est séparée du chemin que je suivais que d'un petit bras du fleuve de vingt pas de largeur, et que le grand courant passe de l'autre côté beaucoup plus profond et beaucoup plus large. Je discernai donc parfaitement que toute l'île était couverte d'un petit bois le plus agréable du monde, par la hauteur et la beauté de ses arbres, qui non seulement font un ombrage dans l'île, que les rayons du soleil ne peuvent percer, mais qui, par l'état où le soleil était alors, en commençant de se baisser, l'étendaient bien avant sur l'autre côté du fleuve, qui, comme je vous l'ai dit, est le grand canal. Ce que je remarquais de la beauté de la petite île, attachait mes yeux en passant avec assez de plaisir; mais cela ne m'eût pas fait quitter mon chemin pour en voir d'avantage, si en même temps mon oreille n'eût été frappée par des voix de femmes que j'entendis de ce côté, et peu après par le son d'une voix charmante, qui, accompagnée d'un agréable instrument, chantait des paroles que la distance ne me permettait pas d'entendre, quoiqu'elle ne m'empêchât pas de juger que la voix qui les chantait était une des plus belles du monde. Vous savez, ma sœur, que j'ai toujours fort aimé l'harmonie, et celle-ci me parut si douce, que vous ne devez pas vous étonner si je fus d'abord touché d'un assez grand désir de l'entendre de plus près, et si celui que j'avais eu un moment auparavant de jouir de ce délicieux ombrage, qui s'offrait à moi dans une saison fort chaude, s'y étant joint avec assez de force, je n'en eus pas assez pour leur résister, et me refuser un plaisir duquel l'état libre où j'étais alors me permettait de jouir. Je jetai l'œil sur le petit bras du fleuve, où l'eau était alors assez basse pour le pouvoir passer à gué, et quoique Timante me représentât que nous n'avions pas trop de jour pour aller au lieu où je devais coucher, cet avis ne fut pas capable de m'arrêter, ni de m'empêcher de passer dans l'île que j'abordai avec assez de facilité. Toutefois, comme je craignais que votre vue ne donnât quelque épouvante aux personnes qui chantaient, et me privât du plaisir que j'allais chercher, je mis pied à terre au bord de l'île avec mes deux hommes (que, comme je vous ai dit, j'avais réservés seuls de mon équipage,) et les faisant demeurer en ce même endroit avec les chevaux, je m'avançai seul à pied sous les arbres, et marchai assez doucement vers l'endroit auquel je me sentais attiré par la voix qui continuait de chanter. L'île est si petite, qu'elle a à peine quatre cents pas de longueur et la moitié de largeur, si bien que je n'eus pas longtemps à marcher pour entendre plus distinctement ce que je n'avais ouï que confusément d'une distance plus éloignée, et en me laissant guider à la voix, je me rendis enfin à un endroit d'où je pus et entendre les paroles, et voir les personnes qui chantaient, qui étaient deux belles filles assises sur l'herbe verte au pied d'un gros arbre, assez bien vêtues, pour me faire juger par leur habit qu'elle n'étaient pas nées dans le peuple. Mais presque en même temps elles cessèrent de chanter, et je ne pus ouïr que ces paroles, qui furent les dernières :

> Ah ! ne méprisez point l'amour,
> Vous n'aimez rien, belle insensible,
> Mais vous pouvez aimer un jour.

Celle qui chantait les eut à peine proférées que sa compagne et elle se levèrent du lieu où elles étaient assises, sans tourner la tête de mon côté, et en se prenant sous le bras, marchèrent assez vite vers l'autre côté de l'île, où j'entendais d'autres voix de femmes. Comme l'amour que j'ai pour le chant et la curiosité que cette aventure me pouvait donner, n'avaient pas eu la satisfaction que j'en avais espérée, je voulus pousser ma fortune plus avant et repaître encore une fois, ou mon oreille ou mes yeux, de ce qu'ils pouvaient attendre de cette rencontre ; mais j'y voulus apporter toute la précaution qui m'était possible, et, me coulant d'arbre en arbre, pour suivre ces deux filles, je me rendis sur le bord du fleuve, à l'endroit où les arbres sont les plus hauts et les plus épais, et où ils jetaient alors un ombrage qui couvrait presque tout le canal du fleuve. De là, je vis d'abord, sans être vu, plusieurs femmes sur la rive, dans un état peu différent de celles que j'avais vues, et un bateau couvert, au bord duquel une dame de bonne mine, quoique d'un âge avancé, était assise et semblait donner quelques ordres aux filles qui étaient sur le bord du fleuve.

Je tins quelque temps les yeux attachés sur ces objets, mais je les en détournai par un petit bruit que j'entendis dans le fleuve, d'un côté où je n'avais pas encore regardé, quoiqu'il fut bien près de moi et immédiatement sous ces mêmes arbres desquels je me couvrais pour n'être pas vu. Ce fut par un coup de la même destinée qui m'avait conduit en ce lieu là, que je jetai mon regard, et j'y trouvai non seulement de quoi arrêter mon regard, mais de quoi attacher de liens éternels l'âme la plus indomptable, et voyez, ma sœur, de quelle façon cette destinée qui préside à mes jours voulut agir contre ma liberté, elle ne se contenta pas de me présenter un beau visage, ou plutôt un visage céleste, qui pouvait seul produire un plus grand effet; mais comme si elle se fut défié de ses forces, elle m'étala des beautés capables de soumettre l'univers au lieu d'un seul homme, et exposa à ma vue ce que ce seul hasard y pouvait exposer, et ce que les yeux mortels ne peuvent jamais espérer de voir. Ne vous étonnez pas ma sœur, si un homme en fut enchanté, et croyez qu'il n'y a point de puissance entre les hommes pour défendre un cœur dans cette occasion. Je vis donc, ma sœur, en jetant les yeux sur la rivière, deux dames qui se baignaient à quelques pas du bord, n'étant pas assez hardies pour aller bien avant dans le fleuve. La moins belle des deux était certainement une fort belle personne et je n'eusse pas négligé sans doute la considération qui était due à sa beauté, si elle l'eût produite ailleurs qu'auprès d'une autre qui en effaçait tout l'éclat ; mais celle qui arrêta mes yeux et mes pensées en un instant, parut à mes yeux éblouis plus belle mille fois que la mère des amours en sortant des flots, et que tout ce que l'idée la plus charmante présente à l'imagination. O ma sœur, que je me sens faible pour vous décrire ce que je vis, et que vous le comprendrez malaisément si vous ne voyez dans mes yeux ce que mon discours ne peut représenter.

—Je crains, Seigneur, lui dit Albisinde en rougissant, que vous n'en répondiez trop, et je veux bien, si vous le voulez, vous aider de mon imagination, pour vous en épargner le discours.

— Non, ma sœur, reprit le prince, ne craignez rien, je n'ai pas oublié ce que je dois à votre pudeur, et d'ailleurs je ne vis rien dont je ne puisse faire mention sans l'offenser. Cette adorable merveille, qui semblait avoir porté le ciel dans les eaux, était couverte en partie d'un linge fort délié, qui, s'attachant à son corps par l'eau qui l'y semblait coller, en laissait voir la forme admirable aux endroits même qu'il couvrait, et il y en avait plusieurs autres qu'il laissait libres à la vue, comme le visage, la gorge entière dans toute sa beauté, les bras presque découverts, et enfin rien ne m'était caché de ce que sa compagne pouvait voir, et vous savez bien, ma sœur, que dans la plus grande familiarité qui se peut former entre les personnes d'un même sexe, il y a des bornes que, parmi celles qui sont bien nées, la modestie ne permet pas de passer. La tête de cette merveilleuse personne n'était couverte que d'une petite coiffe de gaze, qui tenait de gros flots de cheveux qu'on voyait au travers, et qui ne les retenait pas de telle sorte qu'il n'en fût échappé une partie, qui en tombant sur ses épaules relevaient l'éblouissante blancheur du corps par leur noirceur éclatante. La fraîcheur de l'eau avait ôté quelque chose à l'incarnat de ses joues, et à celui de sa bouche; mais elle l'avait adouci et non pas effacé, et en lui creusant une espèce de langueur toute charmante, semblait ne faire pas un mauvais effet sur un visage dans lequel on en remarque bien moins que de vivacité. On pouvait même juger, que par cet élément ennemi du feu, celui qui brille dans ses yeux s'était rendu plus supportable à la faiblesse des nôtres, qu'il ne l'est dans l'état ordinaire, et on y voyait quelque chose de plus doux que ces éclairs qui accompagnent ou qui devancent les foudres qu'ils savent lancer. La gorge admirable, et par sa forme et par sa blancheur, étalant au ciel envieux toutes ses beautés, faisait honte à tout ce qu'il avait de plus beau. Il semblait que ce fût l'orgueil plutôt que la respiration qui l'agitait, et la fît enfler par intervalles, et les bras et les mains qui l'accompagnaient, en se jouant sur les ondes, semblaient porter au dieu du Mein, dans ses flots, la même guerre que ce bel objet excitait déjà dans mon cœur. C'était tout ce qui me paraissait alors, les eaux envieuses me cachaient le reste, quoiqu'elles ne pussent empêcher la pensée d'y

pénétrer au défaut des yeux ; et ce fut seulement en
sortant du fleuve que ce que le linge ne couvrait pas,
comme la jambe et un pied bien plus beau que celui
qu'Homère donne à Thétis, ou ce qu'il ne couvrait pas
assez bien pour en dérober la connaissance à des yeux
comme les miens, se présenta à ma vue avec tous ces
avantages. Je demeurais attaché à cette contemplation,
mais avec un attachement qui me faisait oublier toutes
choses, et ne me permettait pas de me souvenir de moi-
même. Ce n'était pas, toutefois, la seule crainte d'être
découvert qui me rendait immobile ; l'admiration
produisait le premier effet, et tout ce qui succéda dans
mon esprit me laissa à peine la liberté de la vue et de
la respiration. Je ne pus, toutefois, empêcher, peu de
temps après, que quelques soupirs ne troublassent le
silence que je m'étais imposé, et mon cœur regardant
avec dépit le joug qu'on lui voulait imposer, se voulut
soulever contre les fers qu'on lui présentait. Dans ces
moments, il éveilla ma raison que ce charme avait
endormie, et la fit repasser sur ce qu'il sentait, ou pour
lui faire approuver ce qu'il commençait de souffrir, ou
pour lui faire chercher des armes pour l'en défendre.
En effet, quand je me pus rendre capable d'un raisonnement que le premier étonnement avait suspendu, je
le laissais agir sur le bel objet qui m'occupait, mais je
le trouvais si bien d'accord avec mes yeux, et si complaisant au charme qui me séduisait, que je n'en reçus
pas le secours que j'en avais attendu. Je tenais les
yeux et l'esprit également attachés sur cette divine
personne, et fût, ou qu'elle tournât les yeux, ou qu'elle
ouvrit la bouche pour parler à sa compagne, je trouvais
et sa démarche et ses regards et le son de sa voix

composés par les amours mêmes, et je ne voyais rien qui ne m'enchantât. Ah ! mes yeux, disai-je en moi-même, dans ces moments, à quelle vision avez vous été conduits par ma destinée, et que cherchez-vous dans une vue qui cause du trouble et du désordre dans mon âme. N'importe, ajoutai-je peu après, quoique vous y puissiez trouver, ne vous en détachez jamais s'il vous est possible ; rien de plus beau ne vous peut jamais occuper, et quelque guerre que par cette vue vous puissiez porter dans mon cœur, je demande aux Dieux que jusqu'à ma mort vous demeuriez attachés à ce bel objet. Je les laissais alors promener avec plaisir sur la belle figure qui les charmait, et ensuite faisant agir un peu de discernement pour chercher quelque connaissance en ce que je voyais, mais est-il possible, disai-je, que ce que je vois est une personne mortelle. . . . . .
. . . .
. . . .

O heureux entre tous les hommes, celui à qui la fortune destine un si grand trésor, et malheureux entre les plus malheureux celui à qui elle en accorde la vue, si elle lui est assez contraire pour lui en ôter l'espérance. A ces discours j'en ajoutais plusieurs autres peu différents et que je finissais toujours par la prière que je faisais aux Dieux de prolonger le bonheur dont je jouissais, et le faire durer autant que ma vie, s'il était possible. Mais je m'aperçus bientôt que je le demandais inutilement, et dans le temps que j'étais le plus attaché à cette contemplation, une cruelle fille vint avertir cette admirable personne qu'il était temps de sortir de l'eau et qu'elle y avait trop demeuré. Elle ne se fit pas solliciter davantage pour quitter le bain, et, voyant d'autre filles s'avancer du bateau vers l'endroit où elle était, avec ce qui lui était nécessaire pour la recevoir sur le bord, elle y marcha, et à mesure que l'eau était moins profonde, elle me découvrit de plus en plus ce qui m'avait été caché, du moins autant que le linge envieux me permit d'en voir ce quelle avait de mouillé sur elle, elles le firent avec une adresse si cruelle pour moi, qu'il me fut impossible d'en voir d'avantage que ce qui m'avait paru, quoique je fusse derrière le même arbre duquel l'ombre les couvrait, et si proche d'elle, que je n'osais me remuer, ni presque respirer de peur de faire quelque bruit qui me découvrit. Mais j'eus bien encore plus de peine à me cacher, lorsque la compagnie se grossit en cet endroit par l'arrivée de cette dame de bonne mine que j'avais vue dans le bateau, qui, avec quelques filles, se rendit auprès de celles qui sortaient de la rivière, et que leurs filles habillaient, après les avoir faites assoir sur des carreaux qu'elles avaient apporté. Je vis à peine ces choses, tenant toujours les yeux attachés sur celle qui m'avait si bien touché le cœur; mais pendant le temps qu'on mit à l'habiller, elle eut toujours le visage tourné du côté du fleuve et je me trouvai dans des ténèbres que je ne pouvais presque plus souffrir; mais dès qu'elle fut couverte d'un petit habit peu différent de celui qu'on donne aux nymphes de Diane, et d'une étoffe qui me parut riche, quoiquelle fût fort légère, elle se leva, et s'étant tournée du côté du bois dans le temps que j'avançais la tête pour la regarder, elle me vit, et remarqua mon action. A cette vue, elle fit un assez grand cri, et se retira vers cette dame qui parraissait être sa mère : O Dieu, lui dit-elle, qu'est-ce que je vois, des hommes auprès de

nous, et ees hommes nous ont vues dans notre bain ?
Ces paroles obligèrent cette dame et toutes les filles à
jeter les yeux sur moi, et me voyant découvert, je ne
me mis plus en devoir de me cacher, voyant bien qu'il
ne m'étais plus possible ; mais je demeurais dans une
confusion aussi grande que si j'eusse été surpris dans
quelque grand crime. Naturellement, ma sœur, je ne
suis pas trop timide, et je ne l'eusse pas été dans cette
occasion si je me fusse senti dans l'état où j'avais été
quelques moments auparavant : mais l'effet que cette
admirable beauté avait fait sur mon cœur m'ôtat toute
mon assurance, et n'en ayant pas assez pour regarder
son visage irrité, je tenais les yeux attachés à la terre
en la contenance d'une personne fort interdite. Je les
relevai enfin sur l'objet qu'ils cherchaient, quoique ce
fût avec une crainte que dans les plus périlleuses occasion je n'avais pas éprouvée, et ce fut alors que sur son
visage céleste, que j'adorai déjà, je vis, ou par la honte
ou par la colère, revenir dans tout son éclat cet incarnat
que la fraîcheur de l'eau avait un peu terni, et que ces
yeux, qui m'avaient paru languissants, brillèrent de tout
leur feu, et avec celui qu'ils avaient naturellement,
s'allumèrent naturellement de celui que le courroux
leur pouvait donner. Le premier dessein de cette beauté
irritée, fut de s'éloigner de moi au même instant et de
fuir la vue d'un homme qui l'avait vue plus qu'elle
ne l'eût désiré; mais elle ne le put obtenir de sa
colère, et elle cru que mon audace méritait bien
qu'elle m'en donnât quelques marques. Elle me par-
courut des yeux en un instant, quoiqu'elle ne tournât
le visage qu'à demi de mon côté, et me lançant un
regard par lequel elle me donnait moins de crainte

qu'elle ne me donnait d'amour : Eh ! qui es-tu, témé-
raire, me dit-elle, toi qui par ta présence prophane les
lieux sacrés, qui, forçant un respect qu'aucun homme
n'avait jamais violé, porte tes yeux audacieux sur des
objets défendus à la vue de tous les mortels ? Ces paroles, comme un coup de foudre, ayant frappé mon
oreille et mon cœur en même temps, eussent achevé
de chasser toute la hardiesse de mon âme, si je n'eusse
fait un effort pour la retenir dans la nécessité que j'en
avais, et si je n'eusse enfin trouvé assez de secours en
mon courage pour me mettre en état de parler et de
me justifier. J'attachai avec peine mes yeux éblouis sur
un visage que le courroux faisait briller d'un feu extraordinaire, et m'expliquant : Je suis innocent, dis-je,
puisque c'est le hasard, et non pas mon intention qui a
fait mon crime ; et si vous êtes une personne mortelle,
vous me permettrez de vous dire la même chose pour
ma justification, et d'y ajouter que vous ne devez pas
vous irriter de ce que j'ai vu, puisque tout le mal en
est pour moi, et toute la gloire pour vous ; car enfin
ce que j'ai vu peut faire honte à tout ce que le soleil à
de plus beau, et par cette vue j'ai perdu...... J'en eusse
dit d'avantage, si je n'eusse vu son visage se couvrir
d'une nouvelle rougeur, qui me fit connaître que mon
discours l'irritait au lieu de l'appaiser. Je voulais chercher des termes qui pussent faire un meilleur effet,
lorsque me prévenant d'un ton de voix éclatant : quelle
témérité est la tienne, me dit-elle, et de quel endroit
du monde viens-tu ici pour m'offenser, et par ton
action, et par ton discours ? Je suis un étranger, lui
répliquai-je, qu'une fortune moins heureuse que glorieuse a conduit à cette occasion de vous déplaire, ou

plutôt je suis un Actéon, qui pour une faute pareille à celle du premier, me vois exposé à une peine bien plus cruelle que la sienne. Si j'eusse eu le pouvoir de te l'imposer, me dit fièrement la belle irritée, elle eût suivi ta faute de si près, que tu n'eusses pas eu le temps de faire réflexion sur ce que tu as vu ; mais si je n'ai pas cette puissance, j'en aurai du moins assez pour t'empêcher de connaître et de revoir de ta vie celle que tu as vue plus que tu ne le devais et plus qu'elle ne le voudrait. En achevant ces paroles d'un air irrité, elle partit avec toute sa troupe, et se retira dans le bateau qui commença au même instant de voguer vers l'autre rive où je voyais des chariots et des hommes qui les attendaient. Je m'avançai jusqu'à la rive d'où je tiens les yeux attachés sur le fleuve, et je souhaitai plusieurs fois que le Mein fût aussi large que le Danube, pour perdre de quelques moments plus tard la vue, quoiqu'indistincte et confuse, de cette fière beauté qui régnait déjà sur mon cœur. Mais, lorsqu'après avoir passé le fleuve, je la vis sortir du bateau pour monter dans un chariot, et qu'un moment après je la perdis avec toute sa suite dans un bois qui est à l'autre rive, je demeurai beaucoup plus étonné et beaucoup plus affligé que je ne vous le pourrais exprimer.

La Grange-Chancel (*) a emprunté au roman de Faramond l'épisode de Varanès, et l'a transporté dans sa tragédie d'*Athénais*, comme il le reconnait, du reste, lui même ; « L'épisode

(*) La Grange-Chancel, né à Périgueux en 1676, mort en 1758.

historique de Varanès n'est pas, dit-il, de mon invention. La Calprenède, dans son roman de Faramond, me l'a fourni, et on l'a toujours trouvé si juste et si bien placé dans le roman, que je ne suis pas surpris qu'il ait fait le même effet dans la tragédie. » *(Préface d'Athénaïs.)*

L'estime de La Grange-Chancel pour les romans de La Calprenède datait de son enfance. « A peine je commençai de lire, dit-il, que » j'avais toujours entre les mains les *tragédies* » de Corneille et les *romans* de La Calprenède, » dont la lecture me donnait tant de plaisir, » que je cherchais les endroits de la maison » les plus écartés pour y répandre en liberté » les pleurs que m'arrachaient les aventures » que je lisais. » *(Préface de Jugustha.)*

Le N° XL (article Prédiction) du *Grand dictionnaire des Précieuses,* de Somèze, dit : « En la même année (1661) l'on parlera des » victoires de l'illustre Gaulois (Faramond), » dernier ouvrage de Calpurnius (La Calpre- » nède.)

Lenglet du Fresnoy fait commencer la publication de Faramond en 1641, c'est évi- demment une erreur. Il cite les éditions de

Paris, 1661, in-8°, 12 volumes; *Amsterdam*
1664, in-8°, 12 volumes ; *Amsterdam* 1666,
in-8°, 12 volumes ; *Amsterdam* 1671, in-8°,
12 volumes.

   « Ce roman, dit-il, a fait beaucoup de bruit
» dans son temps, et se trouve encore très
» recherché. La Calprenède n'en avait fait que
» les sept premiers volumes lorsqu'il mourut,
» et le sieur Pierre d'Ortigue de Vaumorière
» a fait les cinq autres. Et quoique La Calpre-
» nède n'eût laissé aucun mémoire, cepen-
» dant son continuateur est si bien entré dans
» son génie, qu'on ne s'aperçoit de la
» différence que parce que Vaumorière a
» surpassé La Calprenède par l'élocution,
» l'ordre et l'arrangement. » *(Bibliothèque des
Romans).*

Le *Journal des Savants* (1665-p. 23.) fait les
plus grands éloges de *Faramond* et des a continuation par Vaumorière : « C'est un bel
ouvrage ; le style en est grand et magnifique...

   Cependant, si j'avais une préférence à
donner, elle serait pour *Cléopâtre*. Brunet
cite le prix de quelques adjudications : Edition
de *Paris 1661-70 ;* 12 volumes in-8°. 102 fr.
maroquin rouge, Giraud ; 100 fr. maroquin
citron, aux armes de la Duchesse de Grammont-

Choiseuil, Radziwil. — Edition d'*Amsterdam,
jointe la copie imprimée à Paris* 1664-70 ;
12 volumes in-12 : 34 fr. 5o ; Pixérécourt.

Cette dernière édition est plus jolie et beaucoup moins volumineuse que celle de Paris ;
chaque volume est orné d'un frontispice gravé
ou l'on admire des détails de costume et
d'ameublement du plus réjouissant anachro-
nisme.

FIN.

BERGERAC. — IMPRIMERIE CAMILLE CONDOU, PLACE NATIONALE.